青少年应该知道的
地理百科知识

王 宇◎编著

在未知领域 我们努力探索
在已知领域 我们重新发现

延边大学出版社

图书在版编目（CIP）数据

青少年应该知道的地理百科知识 / 王宇编著.
—延吉：延边大学出版社，2012.4（2021.1 重印）
ISBN 978-7-5634-3056-7

Ⅰ.①青… Ⅱ.①王… Ⅲ.①地理—世界—青年读物
②地理—世界—少年读物 Ⅳ.① K91-49

中国版本图书馆 CIP 数据核字 (2012) 第 051750 号

青少年应该知道的地理百科知识

————————————————————————

编　　著：王　宇
责 任 编 辑：林景浩
封 面 设 计：映象视觉
出 版 发 行：延边大学出版社
社　　址：吉林省延吉市公园路 977 号　　邮编：133002
网　　址：http://www.ydcbs.com　　E-mail：ydcbs@ydcbs.com
电　　话：0433-2732435　　传真：0433-2732434
发行部电话：0433-2732442　　传真：0433-2733056
印　　刷：唐山新苑印务有限公司
开　　本：16K　690×960 毫米
印　　张：10 印张
字　　数：120 千字
版　　次：2012 年 4 月第 1 版
印　　次：2021 年 1 月第 3 次印刷
书　　号：ISBN 978-7-5634-3056-7

————————————————————————

定　　价：29.80 元

前言
Foreword

　　人类生活在多姿多彩的地球上，可是你了解我们生活的地球吗？走过这漫长的岁月，看过蓝天，见过流云，闻过花香，听过鸟鸣，喝过美酒，尝过美食……当你站在这颗蓝色的星球之上，过着自己想要的生活时，你可知，脚下的这颗星球有过怎样的故事？

　　是否总幻想在将来的某一天要在美轮美奂的天空中尽情环游？是否总在繁星点点的夜晚畅想太空中是否也会有着平淡甜美的生活？太空中有承载我们愿望的流星，有我们罗曼蒂克的星座，有太多我们憧憬的神奇与美丽。

　　茫茫宇宙中，它静静地旋转着，有着让你想象不到的神奇，有着让你无法猜测的秘密，有着让你应接不暇的美轮美奂，有着让你看不尽的美丽风景，有着让你措手不及的狂怒，有着让你惊心动魄的愤怒……美丽而又疯狂的它，就是我们斑斓缤纷的地球。

我们生存的地球到处充满了精彩，快来随本书一起了解我们的地球吧！

地球表面高低起伏，陆地地形分为平原、高原、盆地、山地和丘陵，使地球更加焕发出美轮美奂、多姿多彩的形态。这些不同的形态和规模在各大陆上交互分布，共同构成地表崎岖不平的外貌。陆地上有两大高山带：一条为环太平洋高山带，即纵贯美洲大陆西部的科迪勒拉—安第斯山系山脉和亚洲及澳大利亚太平洋沿岸与东亚岛弧上的山脉；另一条则是横贯亚欧大陆中南部及非洲大陆北缘。其西部即阿尔卑斯山系及阿特拉斯山脉，并与亚洲的兴都库什山脉、喀喇昆仑山脉、喜马拉雅山脉等山脉连为一体。两大高山带地势高峻，也是火山、地震的多发地带，陆地被海洋分隔成大小不等的许多块，通常情况下，大面积的陆地叫做大陆，而小块陆地则称为岛屿。大陆及其附近的岛屿合称为洲。而地表的海洋之间也是相通的，形成了统一的世界大洋。世界四大洋间其实并没有什么特定的界线，通常是用水下的某个海岭或某条经线为分界。

陆地上的平原，一般都位于大陆的中部，平原的两侧多被高山环绕，如中欧平原、西西伯利亚平原等。而有的平原分布于高原之间，多为大河冲积而成，如位于中东的美索不达米亚平原、鳊的印度河—恒河平原。陆地上还分布着大片的高原，如亚欧大陆的中西伯利亚高原、阿拉伯高原、巴西高原等。

跟着这本书我们一起来领略地球的神奇和魅力吧！

目 录

第❶章
地 球

地球的起源 ………………………… 2

地球里面是什么 …………………… 6

地球的"美丽外衣" ……………… 8

地球的转动 ………………………… 10

地壳运动 …………………………… 13

地球磁场 …………………………… 22

热带亚热带气候 …………………… 24

温带气候 …………………………… 30

极地气候 …………………………… 33

第❷章
海 洋

地球上的海陆分布 ………………… 36

边缘海、陆间海、内海 …………… 39

领海、公海、专属经济区 ………… 42

大陆岛、火山岛、珊瑚岛、冲积岛 … 45

大陆边缘 …………………………… 49

大洋盆地、大洋中脊 ……………… 54

海底峡谷 …………………………… 58

海洋地壳 …………………………… 62

潮汐 ………………………………… 64

波浪的形成 ………………………… 68

洋流 ………………………………… 70

海啸 ………………………………… 74

第❸章

地　貌

喀斯特地貌 ……………………………………… 78

雅丹地貌 …………………………………………… 81

丹霞地貌 …………………………………………… 84

黄土地貌 …………………………………………… 87

冰川地貌 …………………………………………… 89

风景迷人的高原 …………………………………… 93

跌宕起伏的丘陵 …………………………………… 97

物产丰富的盆地 ………………………………… 100

一望无际的平原 ………………………………… 104

荒芜干旱的戈壁 ………………………………… 108

第❹章

世界地理之最

海洋之最 ………………………………………… 112

陆地之最 ………………………………………… 119

海峡之最 ………………………………………… 132

湖泊之最 ………………………………………… 135

瀑布之最 ………………………………………… 141

河流之最 ………………………………………… 145

地球

球

DIQIU

第一章

地球的起源

Di Qiu De Qi Yuan

地球的存在是地球上一切生命体赖以生存的前提。我们在这里诞生、劳动、生息、繁衍。那么我们的地球是如何形成的呢？

在现实生活中，我们与人交谈的时候，经常会提及各自年龄。其实地球跟人类一样，也有着它自己的年龄。虽然我们一直居住在地球上，但是又有多少人知道我们生活的这个地球到底有多大年龄呢？这个问题看上去似乎无法回答，因为地球的出

※ 地球

现要比人类早上很多。可是这个看似没有答案的问题，却没有难倒我们聪明的人类，科学家们凭借着大自然中留下的那些蛛丝马迹，一直不断地在探索着地球的真实年龄。

最早的时候人们计量地球的年龄，是利用海水里的盐分来推断的，估计约为9千万～3亿5千万年。但是后来发现河流带进海水里面的盐分每年都不一样，并且海中的盐分还会跟着海水一起被吹回陆地。更有甚者地球出世的时候海洋可能还没有形成，所以这离地球的真实年龄还相差甚远。

于是，人们改用海中沉积物的厚度来估算，得出的结果是约有3亿～10亿年的时间。但由于沉积物堆积的速度不同，有时可能还会出现中断的现象，而且地球存在于沉积物生成之前。所以，此理论也不能成立。

最后，人们选择了一种稳定并且可靠的方法去推断，也就是用放射性元素在分裂的时候产生的量来推算地球的年龄。但是人们算出的答案却有着小部分差距，因为地壳总的放射性元素及其生成的同位素有很多种类，所以就有许多种的计算方式。另外在地壳生成前，地球还应该有一段熔融期，大约有20亿年之久，所以总体算来，推断地球的年龄大约在50亿～60亿年之间。

20世纪初，科学家们又发现了同位素地质测定法，这是至今为止用

来测定地球年龄最准确的方法，是能够用来计算地球历史的标准时间。使用这种方法，科学家对找到的最古老的岩石进行检测，大约有 35 亿年左右。但是即便是最古老岩石，也不是地球出现时能够留下来的最早证据，依然不能够代表地球的最初历史。因为地球在婴儿时代只是一个炽热的熔融球体，那些现代看来最古老的岩石，也不过是地球冷却下来形成坚硬的地壳以后保存下来的。

上世纪 60 年代末，又有科学家用采测月球表面的岩石作为标本，推测出月球的年龄大约在 44 亿～46 亿年之间。因此根据最流行的太阳系起源星云说，依据太阳系的天体是在相似的时间内凝结而成的，由此基本上可以推算出地球大约是在 46 亿年前形成的。不过这仅仅是靠间接证据而推测出来的。所以，到目前为止人们仍然没有足够的证据，证明地球"确凿的档案"，46 亿年也只是人们所推断出最接近地球年龄的数字。

对地球的起源问题进行系统研究的最早开始于 18 世纪中叶。迄今为止已经有多种关于地球起源的学说了。现在最流行的说法是：地球作为一个行星，早在 46 亿年前同其他星体一样经历了行星萌芽阶段，即星际物质围绕太阳相互碰撞，开始形成地球的时期。银河系里弥漫着大量的星云物质。它们因自身引力作用而收缩，在收缩过程中产生的漩涡使星云破裂成许多"碎片"。其中，形成太阳系的那些碎片，就称为太阳星云。太阳星云中含有不易挥发的固体尘粒。这些尘粒相互结合，形成越来越大的颗粒环状物，并开始吸附周围一些较小的尘粒，从而使体积日益增大，逐渐形成了地球星胚。地球星胚在一定的空间范围内运动着，并且不断地壮大自己，于是，原始地球就形成了。原始地球经过不断的运动与壮大，最终形成了今天的模样。

◎关于地球形成的假说

气体潮生假说：1930 年，英国物理学家金斯提出气体潮生说，他推测最早的时候太阳为一颗灼热球状体，是由一些稀有的气体组成的。有一颗质量比它大得多的星体，从距离不远处瞬间掠过，由于引力的作用，原始太阳出现了凸出部分，引力继续作用，凸出部分被拉成如同雪茄烟一般的长条，作用在很短时间内进行。较大星体一去不复返，慢慢地太阳获得新的平衡，从太阳中分离出长条状稀薄气流，逐渐冷却凝固而分成许多部分，每一部分再聚集成一个行星。被拉出的气流，中间部分最宽，密度最大，形成较大的木星和土星。两端气流稀薄些，形成较小的行星，如水星、冥王星、地球等。

星云说：法国数学家和天文学家拉普拉斯在 1796 年发表的《天体力学》及后来的《宇宙的叙述》中提出太阳系成因的假说——星云说。他认为太阳是太阳系中最早存在的星体，这个原始太阳比现在大得多，是由一团灼热的稀薄物质组成，内部较致密，周围是较稀薄的气体圈，形状是一个中心厚而边缘薄的饼状体，在不断缓慢的旋转。经过长期不断冷却和其本身的引力作用下，星云逐渐变得致密，体积逐渐缩小，旋转加快，因此愈来愈扁。这样位于它边缘的物质，特别是赤道部分，当离心加速度超过中心引力加速度时，便离开原始太阳，形成无数同心圆状轮环（如同现在土星周围的环带），相当于现在各行星的运行轨道位置。由于环带性质不均一，并且带有一些聚集凝结的团块。这样在引力作用下，环带中残余物质，都被凝固吸引，形成大小不一的行星，地球即是其中一个。各轮环中心最大的凝团，便是太阳，其余围绕太阳旋转。由于行星自转，因此也可以产生卫星，例如地球的卫星——月亮，这样地球便随太阳系的产生而产生了。

施密特假说：前两种假说都提出了一个原始太阳分出炽热熔融气体状态的物质。施密特根据银河系的自转和陨石星体的轨道是椭圆的理论，认为太阳系星体轨道是一致的，因此陨星体也应是太阳系成员。因此，他于 1944 年提出了新假说：在遥远的古代，太阳系中只存在一个孤独的恒星——原始太阳，在银河系广阔的天际沿自己轨道运行。约在 60 亿年～70 亿年前，当它穿过巨大的黑暗星云时，便和密集的陨石颗粒、尘埃质点相遇，它便开始用引力把大部分物质捕获过来，其中一部分与它结合；而另一些按力学的规律，聚集起来围绕着它运转，及至走出黑暗星云。这时这个旅行者不再是一个孤星了，它在运行中不断吸收宇宙中陨体和尘埃团，由于数不清的尘埃和陨石质点相互碰撞，于是便使尘埃和陨石质点相互焊接起来，大的吸小的，体积逐渐增大，最后形成几个庞大行星。行星在发展中又以同样方式捕获物质，形成卫星。

◎地球形成传说

在遥远的古代，人们的科学知识远不及今天，遇到解释不了的问题古人就会以神话形式来解释，那么古人为地球的形成编写了怎样美丽的传说呢？

我国古代有"盘古开天辟地"之说。相传，世界原本是一个黑暗混沌的大团团，宇宙之卵漂浮在永恒空间之中，它包括两个反作用力：阴和阳。外面包裹着一个坚硬的外壳，就像一只大鹅蛋。多年以后，盘古诞生了。宇宙之卵中较重的部分——阴下落形成了地面，较轻的部分——阳上升形成了天空。他睁开眼睛，可周围漆黑一片，什么也看不见，他挥起神斧，劈开混沌，于是，清而轻的部分上升成了天空，浊而重的部分下沉成了大地……盘古担心天和地恢复原样，就用手脚支撑着天和地，他每天长高约 3 米，1.8 万年之后天空已有 48280 千米高，盘古的身体最后化成了山川河流，才有了我们美丽的地球。

在西方国家，《圣经》记载是上帝创世，在第一个神话故事中，上帝说："让这儿出现光芒!"随后光就出现了，在 6 天的时间里，上帝创造了天空、陆地、行星、太阳和月亮、包括人类的所有动物。第一天他将光明从黑暗里分出来，使白天和夜晚相互更替；第二天创造了天，将水分开成天上的水和地上的水；第三天使大地披上一层绿装，点缀着树木花草，空气里飘荡着花果的芳香；第四天创造了太阳和月亮，分管白天和夜晚；第五天创造了飞禽走兽；第六天，创造了管理万物的人；第七天，上帝休息了，这一天称为"安息日"，也就是现在的星期天……

希腊神话中讲了天神之争，原始宇宙的混沌状态起始于最早的神灵，包括大地女神盖亚，盖亚创造了优利纳斯，优利纳斯是希腊神话中最早的至上之神，传说他是天的化身，在神话中他是大地女神的儿子和配偶。

关于地球起源还有许多关于神话传说，这些传说充分展现了古时候人们对地球奥妙的思考。

▶ 知 识 窗

世界地球日在每年的 4 月 22 日，这是一项世界性的环境保护活动。此项活动最初是由美国盖洛德·尼尔森和丹尼斯·海斯在 1970 年发起的，随后影响逐渐扩大。活动旨在唤起人类爱护地球、保护家园的意识，促进资源开发与环境保护的协调发展，进而改善地球的整体环境。

2009 年 4 月 22 日，第 63 届联合国大会一致通过决议，决定将之后每年的 4 月 22 日定为"世界地球日"。这份决议由玻利维亚起草，并得到了 50 多个国家的联署支持。决议说，地球及其生态系统是人类的家园，人类今后和未来要在经济、社会和环境三方面的需求之间实现平衡，必须与自然界和地球和谐共处。

我国从 20 世纪 90 年代起，每年都会在 4 月 22 日举办世界地球日活动。

■■■ 拓展思考 ■■■
1. 你知道其他关于地球的传说吗?
2. 地球上的生命是怎么产生的?

地球里面是什么

Di Qiu Li Mian Shi Shen Me

我们生命中的每天都居住在地球上面，尽情地享受着地球母亲无偿提供给我们的一切地表资源。但是地球内部到底是怎样的？我们所居住的地下究竟是什么样子的呢？人们不可能像神话故事中的神仙一样能够上天入地，这个问题自然也就成了一个难题。而世界上的钻井最深也不过万米左右，对于有着 6300 多千米半径的地球而言，就显得微不足道了。

其实在地球的内部，是分有很多层的，地球像同心球一样具有同心球，而且每一层次组成的物质和物理性质都不一样。我们无法观测到地球的内部，地球的内部构造也只能通过各种理论推测而来。人们通过地球内部地震波的传播情况，间接的推断证明地球内部是由地壳、地幔、地核这三个部分组成的。

地球的最外层结构便是地壳，地壳是由岩石组成的一层坚固外壳，是地球最外层的固体圈层，也是岩石圈的重要组成部分。地壳的平均厚度大约为 17 千米左右。因为大陆地壳厚度较大，它的厚度大约在 35 千米～45 千米左右；平原盆地相对比较薄弱；大洋地壳则非常薄弱，它的地壳厚度只有几千米而已；而世界最高峰喜马拉雅山脉的地壳厚度可以达到 70 千米～80 千米。地壳又分为上地壳和下地壳，上地壳主要作用是承受应力以及地震易发生的层位，所以地壳较硬；而下地壳相对较软。

在地壳和地核的中间还存在着一个夹层，那就是我们所说的地幔，厚度大约有 2800 多千米。地幔是由致密和造岩物质构成的，也是地球内部体积和质量都最大的一层。地幔和地壳一样也分为上地幔和下地幔两个层。在上地幔的顶部，有一个可以让地震波减慢的层面。通常人们把上地幔顶部和地壳合称为岩石圈，又称软流层，且很可能是岩溶的发源地；而下地幔的温度、压力以及密度都有所增大，物质呈可塑性固态，厚度大约有 2900 千米。

地核则是组成地球的核心部分，从下地幔的底部一直到地球中心部位。由铁和镍元素组合而成，密度高达每立方厘米 12 克左右；且温度极高，约有 4000℃～6000℃；半径约为 3470 千米。地核同样分为外地核和内地核两个部分。现在的科学家认为外地核的物质为液态，内地核则呈固态结构。

▶ 知 识 窗

　　"地球1小时"是世界自然基金会在2007年向全球发出的一项倡议：呼吁个人、社区、企业和政府在每年3月份的最后一个星期六熄灯1小时，以此来激发人们对保护地球的责任感，以及对气候变化等环境问题的思考，表明对全球共同抵御气候变暖行动的支持。这是一项全球性的活动，世界自然基金会于2007年首次在悉尼倡导后，以惊人的速度席卷全球。

　　"地球1小时"活动首次于2007年3月31日晚间8：30在澳大利亚悉尼市展开，当晚，悉尼约有超过220万户的家庭和企业关闭灯源和电器1小时。事后统计，熄灯1小时节省下来的电足够20万台电视机用1小时，5万辆车跑1小时。更多参与的市民反映，当天晚上能看到的星星比平时多了几倍。

▌拓展思考▐

　　1. 地球最高处距离地心有多远？
　　2. 地球上离地心最近的是哪里？

地球的"美丽外衣"

Di Qiu De "Mei Li Wai Yi"

稍纵即逝的流星，装点天空的烟花，昙花一现的惊鸿，美丽的事物总是对人们有着强烈的吸引力，人们对美丽的追求有着飞蛾扑火般的热情。湛蓝的天空、新鲜的空气、碧绿的森林、奔腾的河流、连绵的山川、广阔的大海……无一例外都是地球母亲赐予人类的宝贵资源。但随着社会的发展，工业也在不断的发展，废气污水的排放、不合理的建设、滥采滥伐都在不断地破坏着我们的地球。对环境造成的伤害触目惊心，伤痕累累的地球其实已经很脆弱了。而保护着地球的"美丽外衣"——臭氧层，在环境被不断地被破坏的同时，也很不幸地被人们无情的一层一层剥夺了。

臭氧是一种无色的气体，由于它本身有种特殊臭味，所以得名"臭氧"。有90％以上的臭氧分子聚集在距离地球20千米～30千米的大气层中，从而构成了臭氧层。臭氧层是保护着地球母亲的美丽外衣，也就是人类赖以生存的"保护伞"。臭氧层能够挡住太阳照向地球的强烈紫外线。紫外线不单单会伤害人类的角膜和眼睛，同时也会让我们患上皮肤癌等各种癌症疾病，对人类的伤害不可估计。因为无法承受紫外线的强烈照射，植物和微生物也会相继死亡。海洋中可以大量吸收温室气体的浮游生物，也会直接受到侵害，便会形成恶性循环。引起一系列的连锁反应，其他生物也会相继死亡，并最终直接影响人类的生存。臭氧层是保护地球的惟一一道天然屏障，让地球上的人类不必遭受紫外线的强烈伤害。

然而近十多年来，地球上的臭氧层不间断的变稀薄，遭到了很严重的破坏，直接危害着人类自身的安全。我们的世界在日益发达，高端的科技产品，推动经济发展的企业，空调、冰箱等随处可见的电器，都在一点点地破坏着我们日渐稀薄的臭氧层。

我们还没来得及意识到这些破坏将给我们带来怎样的后果，我们美好的家园已经日益见衰。如今的南极上空，越来越稀薄的臭氧层，已经形成了一个空洞；全球的气候也在不断变暖；沿海的城市也不断遭遇各种各样的灾难。如果不能及时有效的去缓解这种破坏，那么我们的家园在不久的将来因为自己的无知和愚蠢而逐渐被毁灭。

▶ 知识窗

　　生活中的会有臭氧污染，那么这些臭氧是从哪里来的呢？同铅污染、硫化物等一样，它也是源于人类活动，汽车、燃料、石化等是臭氧的重要污染源。在车水马龙的街上行走，常常看到空气略带浅棕色，又有一股辛辣刺激的气味，这就是通常所称的光化学烟雾。臭氧就是光化学烟雾的主要成分，它不是直接被排放的，而是转化而成的，比如汽车排放的氮氧化物，只要在阳光辐射及适合的气象条件下就可以生成臭氧。随着汽车和工业排放的增加，地面臭氧污染在欧洲、北美、日本以及我国的许多城市中成为普遍现象。根据专家目前所掌握的资料估计，2005 年，近地面大气臭氧层已成为影响我国华北地区空气质量的主要污染物。

| 拓展思考 |

1. 臭氧是什么化学元素组成的？
2. 气候变暖对人类来说有什么灾难？

地球的转动

Di Qiu De Zhuan Dong

地球是我们人类居住的家园。地球是一个不规则球体，永不停息地围绕着太阳公转，公转的同时还在自转。但是对于地球究竟为什么会运动，恐怕知道人就为数不多了。在科技日益兴盛的现在，科学家们经过不断的努力，已经大致推断出了其中的秘密。让我们一起来探讨一下地球运动中的秘密吧。

◎地球的公转

地球环绕太阳转动被称之为地球公转。因为同地球一起围绕太阳做运动的还有太阳系的其他天体，太阳是它们共有的中心天体，故被称为"公"转。地球绕太阳公转一周所需要的时间，就是地球公转周期。模糊定义来说，地球公转周期是一"年"。这是由于太阳周年视运动的周期与地球公转周期是相同的，所以地球公转的周期可以用太阳周年视运动来测得。严格地说，地球公转的中位位置不是太阳中心，而是地球和太阳的公共质量中心，不仅地球在绕该公共质量中心在转动，而且太阳也在绕该点转动。但是，太阳是太阳系的中心天体，地球只不过是太阳系中一颗普通的行星。地球上的观测者，观测到太阳在黄道上连续经过某一点的时间间隔，就是一"年"。由于所选取的参考点不同，则"年"的长度也不同。常用的周期单位有恒星年、回归年和近点年。

◎地球自转

自转指的是卫星、行星、恒星、星系等绕着自己的轴心转动。地球的自转指的是和太阳系内其他的八大行星一样，在绕着太阳公转同时，还围绕着一根假想的自转轴所产生的自转。地球自转一周是一天的时间，以距离地球遥远的另一恒星为参照的话，时间的长度约为 23 小时 56 分 4 秒，这是地球真正的自转周期，我们把它叫做"恒星日"。但是如果以太阳为参照去计算，时间则需要 24 小时，我们称之为"太阳日"，也就是我们平时最普遍使用的地球自转周期。

但是有一点必须说明一下，地球虽然在自转，却不等于说地球自己转。我们所说的"地球自转"只是对地球绕着太阳转动时产生的运动状态而已。并不是说地球会无缘无故的产生自我转动，况且地球内部也并不存在任何可以让地球自转的动力。之所以地球会产生自转，是因为地球在绕太阳公转的时候，速度过快且遇到太阳风的侧面推力作用，才使得高空中产生了等离子西风环流，继而推动地面西风以及向东涌去的洋流，从而才推动了地球自西向东不停地旋转。

由于地球本身的自转作用再加上太阳引力场，才致使了地球的公转。当然，地球的公转也是有一定规律的。地球的轨道、轨道面、黄赤交角、自身公转周期以及公转速度和公转效应等几个方面，都能够表现出公转的规律性。

※ 春天景色

◎为什么会有四季变化

地球不停地绕着太阳做着公转运动，太阳公转的方向是自西向东。地球公转的轨道是接近正圆的椭圆，太阳位于一个焦点上。地球的公转周期为一年，天文学上时长为 365 日 5 小时 48 分 46 秒。地球公转轨道（黄道平面）与地球的自转平面（赤道平面）之间的夹角为黄赤夹角，角度是 23°26′，其结果就造成了太阳直射点以一年为周期，在南北回归线之间移动，形成了温带地区的四季更替。每年的 3 月 21 日，太阳直射点从南往北移至赤道，全球昼夜平分，那一天就是春分；到了每年 6 月 22 日前后，地球就是位于远日点。太阳会直射北回归线，这一天就是北半球的夏至日。与此同时，北半球得到的热量最高，白昼最长，而且气候也炎热，属于北半球的夏季，但南半球正处于寒冷的冬季。其后，太阳直射点转向南移，9 月 23 日直射赤道，为

※ 冬天景色

秋分日；12月22日移至南回归线，就到了我们的冬至日。这样看来，季节变化首先是天文现象，然后才是气候现象。

四季更替是地球的自转倾角和绕太阳公转共同作用的结果，如果没有了其中的一个条件，四季更替就不会产生，地球上的一切也将随之而改变。

◎为什么会有黑夜白天

由于地球是一个不透明的自身不会发光球体，是太阳和其他星辰给了地球光明，所以在地球自转过程中对着太阳的时候就是白天，而背对太阳的时候就是黑夜。地球不停地绕着自转轴由西向东旋转，天体东升西落的现象就是地球自转的反映。地球自转一周，相当于太阳从东升起、落下，再升起的一周，也就是一天的24小时。

▶知识窗

极昼只会出现在南极圈和北极圈，当南极出现极昼的时候，北极就出现极夜，反之一样。因为地球转动是倾斜的，所以在夏、冬季的时候，地球转动时，北极朝向太阳，不管地球怎样转，也总是朝向太阳，所以就出现极昼了，反之一样。而南极圈和北极圈是对立的，所以北极出现极昼时，南极就出现极夜了，反之也一样。极昼和极夜只会出现在夏季和冬季。

"北极昼"的景色十分奇妙。它每天二十四小时始终是白天，若是碰上晴天，即使是午夜时刻也是阳光灿烂，就像大白天一样的明朗。在"北极昼"的日子里，街上的路灯都是通夜不亮的，汽车前的照明灯也暂失去了作用。家家户户的窗户上都低垂着深色的窗帷，这是人们用来遮挡光线的。可是，当"北极夜"到来的时候，那里又是另一番景象了。在漫漫长夜中，除中午略有光亮外，白天也要开着电灯哩！因为在"北极夜"里，太阳始终不会升上地平线来，星星也一直在黑洞洞的天空闪烁。一年中有半个月的时间，可以看见或圆或缺的月亮整天在天际四周旋转。另外半个月的时间，则连月亮也看不见。这种奇特的景象，在北极中央地带从九月中旬到第二年三月中旬，持续半年的时间。

▌拓展思考▐

1. 世界上哪个地方最适合观察极昼现象？
2. 我国用的阴历是观察什么得出的？

地壳运动

Di Qiao Yun Dong

地壳是地球固体圈层的最外层，岩石圈的重要组成部分，其底界为莫霍洛维奇不连续面。整个地壳平均厚度约17千米，其中大陆地壳厚度较大，平均为33千米。高山、高原地区地壳更厚，最高可达70千米；平原、盆地地壳相对较薄。大洋地壳则远比大陆地壳薄，厚度只有几千米。

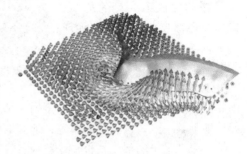

※ 地壳运动示意图

在地球的内力和外力的作用下，地壳经常处于运动状态。地球表面上存在着各种地壳运动的遗迹，如断层、褶皱、高山、盆地、火山、岛弧、洋脊、海沟等；同时，地壳还在不间断的运动中，如大陆漂移、地面上升和沉降以及地震都是这种运动的反映。地壳运动与地球内部物质的运动紧密相连，它们会导致地球重力场和地磁场的改变，因而研究地壳运动将可提供地球内部组成、结构、状态以及演化历史的各种信息。测量地壳运动的形变速率，对于估计工程建筑的稳定性、探讨地震预测等都是一种很重要同时也很必要的手段，对于反演地应力场也是一个重要依据。

◎地震

地震是一种常见的地壳运动，也是很普遍的自然现象。地球上每一天都有地方发生地震，而且非常之多，一天可发生1万多次，一年约有500万次，只是这些地震绝大多数很小，是人们感觉不出来的。地震灾难的轰然来临，很多人都会不知所措。从古至今，每年每天发生这么多次地震，那么地震是怎么产生的？地震前又有什么预兆呢？

有专家研究得出，地震的发生主要是由于地球内部的变动所造成的。地球内部由表及里可分为地壳、地幔、地核三个圈层。而据统计约有92%的地震发生在地壳中，其余的发生在地幔上部。

经过地质学家多年研究，得出明确的结论：地震是断层滑动所引起的。由于地壳内部岩石会受到极大的外力作用，以致超过它的强度而产生破裂，使某两部分的岩层发生快速的相对移动而放出大量的能量，因而使地球发生震动。在地理学上，这个相对移动的面就称为断层。

※ 地震后的楼房

地震的来临就像刮风、下雨、山崩一样，是地球上经常发生的一种自然现象。在它发生的时候，发源于地下某一点，该点称为震源，地面上离震源最近的一点称为震中，它是接受振动最早的部位，也是受影响、毁坏度最大的地方。

地震的发生，可分为前震、主震、余震。最初发生的小振动称为前震。前震活动逐渐增加后，接着发生激烈的大地震，称作主震。主震之后继续发生的大量的小地震称为余震。一般而言，余震是成群的。

一般来说，地震大小通常有两种含意，其一为地震本身的大小，即地震规模。另一为地震动的大小或震度。地震本身的大小，利用地震规模来描述；而地震动之强弱是以震度阶级（简称为震度）表示。地震规模与震度虽然有着不同的意义，但是期间的关系却是非常密切，通常地震规模愈大，则在同一震中距离的地方其震度愈大。

地震云的出现

早在 17 世纪的时候，就有古籍记载：昼中或日落之后，天际晴朗，而有细云如一线，甚长，震兆也。1935 年我国宁夏的隆德县《重修隆德县志》中同样也有记载：天晴日暖，碧空清净，忽见黑云如缕，宛如长蛇，横卧天际，久而不散，势必为地震。所以地震云一个最大的特点就在于"奇"，它与一般云有着明显的区别。

在地震即将发生时，震区的上空会出现不同的颜色，有白色、灰色、橙色、橘红色等带状云，而且垂直于震中，形态各异，一般会出现在凌晨或傍晚。地震云的一般高度为 6000 米～7000 米，常见的条带状地震云很像飞机的尾迹，但看起来更加的厚实和丰满。

另外有一种辐射状的地震云，它是有数条的带状同时相交在一起，就像一把没有扇面的扇骨铺在空中，条状云所交接垂直的地方就是震中所在

青少年应该知道的地理百科知识

14

地。此外还有一种条纹状地震云类似人的两排肋骨，此云与其他云相比，是很难判断震中的位置。

动物的反应

经常被地震骚扰的老百姓，根据经验总结出一些震前预兆的民间谚语，如牛羊驴马不进圈，老鼠搬家往外逃；鸡飞上树猪拱圈，鸭不下水狗狂叫；兔子竖耳蹦又撞，鸽子惊飞不回巢；冬眠长蛇早出洞，鱼儿惊惶水面跳……这些现象提醒人们：一场大地震即将来临，需要做好抗震救灾的工作。

据有关数据统计，目前对地震来临前出现异常反映的动物有 130 多种，其中反应比较普遍而且相对确切的有 20 多种，有：家畜，如猫、猪、牛、狗、骡等；家禽，如鸡、鸭等；水生动物，如鱼类等；穴居动物，如鼠、蛇、黄鼠狼等。

部分科学家认为，动物在地震前夕能做出这么大的反映，主要是因为周围的环境发生了变化而使动物体内产生激素引起的。在地震前，地裂会释放出电子流，使动物体内产生了一种特殊的神经激素，从而刺激其中枢神经，导致动物产生反常行为，感到惊恐不安。而且，动物还具有灵敏的嗅觉和听觉，能闻出地震前地壳缝里释放出来的某种气体，某些动物因为能接收次声信号，所以它们能够听到我们没有办法听到的岩石爆裂声，以至于引起它们的行为异常。

怎么样才能够预测到地震到来，长时间以来都是人们谈论的话题。长期以来，地震预测就一直是个棘手的问题，而科学家也是只能在地震发生的前几秒钟预测到。经过多年的探测研究，地质学家们找到了一种预测地震的新方法，就是通过观看、监测地震带附近的地下水，就有可能提前几周预测地震的发生。

民间有这样一个谚语：井水是个宝，前兆来得早，天雨水质浑，天旱井水冒，水位变化大，翻花冒气泡，有的变颜色，有的变味道。这样的言语是有一定道理的，由于地下岩层受到挤压或拉伸，使地下水位上升或下降；或者使地壳内部气体和某些物质随水溢出，而使地下水冒泡、发浑、变味等。

在大震发生之前，地下含水层在构造变动中受到强烈挤压，从而破坏了地球表面附近的含水层的状态，使地下水会出现一些异常现象，如水味变异颜色改变，水打转儿，翻泥沙，出现水面浮"油花"，打旋冒气泡水位升高，或急剧下降，甚至出现干涸等；有的井水味由甜变苦或由苦变甜，有时水温升高；有时天气大旱，但地下水却猛涨，甚至溢出地表；而且水中化学物质成分也随之改变，使有些地下水出现地下水位和水化学成分的震前异常，在活动断层及其附近地区地较明显，极震区更常集中出现。

气象变化

从古至今，气象与地震的关系，一直是一个经久不衰的课题。在人们多次未测到地震来临的情况下，让人们和一些研究地震的科学家们，对震前气象的异常变化引起了重视。

地震来临之前，人们会感觉到天气变得异常闷热，气温比平常异常的增温，人们会感觉燥热、不适，而且即使是大雨过后，也会热得烦躁；在冬天同样会感觉到异常地温暖，如出现这些情况就有可能发生地震。

还有异常的阴雨天气或大雨，据记载 1974 年 5 月 11 日，云南昭通发生 7.1 级地震前，曾经有过连续阴雨 13 天，降雨量破历史同期记录。在冬季的时候，也可能异常的大范围降雪现象。

有人观察到，天边的地会发光的现象，这也是地震将要来临的征兆。1966 年 3 月 8 日邢台发生 6.8 级大震前，云南普洱发生 6.7 级大震前，分别都有地光出现。据专家说：在临震前几分钟，在贴近地面底层大气中会出现颜色各异的地光，通常为蓝色、白色、红色，在天边不高处闪光，持续时间很短，这就是奇怪的地光现象。

1973 年 2 月 6 日四川炉霍发生地震前，短短几小时之内，狂风大作且风向紊乱，风速最大可达到 14 米/秒。在震前，会突然刮起怪风，而且风力特别强，风向旋转不停，在风力经过的地方，就有可能发生地震。可见，怪风骤雨的发作，预示着地震的来临。

大气呈现浑浊：地震之前一般会有大范围的降雨天气，雨后一般天空都非常洁净；但在大震前，天空一片浑浊，看上去非烟非雾，日月惨淡无光的现象。海城大震前 1～2 小时，突然生雾，烟雾蒙蒙，天空昏黑，看不清日光；大震过后，雾即消，天空清澈明亮。

地震前地气也会发生异变，人们可闻到奇异的臭味，这原本就是从地缝中冒出的臭味怪气。

掌握地声知识就有可能对地震起到较好的预报预防效果。在平常的生活之中，我们可以以地声的特点，能大致判断地震的大小和震中的位置。一般来说，声音越大，越沉闷，说明地震越强；反之，地震就小。当听到地声时，我们应该立即离开房屋，采取防御措施，以防伤亡严重。

灾区人们有关震前的地声特点，编了一个谚语：大震声发沉，小震声发尖；响的声音长，地震在远方；响的声音短，地震在近旁。不少大震震前数小时至数分钟，少数在震前几天，会产生地声从地下传出。有的如飞机的"嗡嗡"声；有的似狂风呼啸；有的像汽车驶过；有的宛如远处闷雷；有的恰似开山放炮，……地声的分布很广，高烈度区更为突出。

◎火山

在地下大约 32 千米的深处，有着足以熔化大部分岩石的温度。岩石熔化时膨胀，那么它就需要更大的空间。世界某些地区的山脉在隆起。这些正在上升的山脉下面的压力在变小，这些山脉下面可能形成一个熔岩库。这种物质沿着隆起造成的裂痕上升，熔岩库里的压力大于它上面的岩石顶盖的压力时，便向外迸发成为一座火山。

火山爆发的时候会有惊天动地的巨大轰鸣声，伴随着石块飞腾翻滚，炽热无比的岩浆像一条条凶残的火龙，从地下喷涌而出，吞噬着周围的一切，霎时间，方圆几十里都被笼罩在一片浓烟迷雾之中。由于火山爆发，有时候还能使平地顷刻间矗立起一座高高的大山，如赤道附近的乞力马扎罗山和科托帕克希山就是这样形成的；火山能够在瞬间吞掉整个村庄和城镇。火山喷发时会有炽热的气体、液体或固体物质突然冒出。这些物质在开口周围堆积，形成一座锥形山头。"火山口"是火山锥顶部的洼陷，开

※ 火山

口处通到地表。锥形山是火山形成的产物。火山喷出的物质主要是气体，但是像渣和灰的大量火山岩和固体物质也喷了出来。在火山活动中，还常喷射出可见或不可见的光、电、磁、声和放射性物质等，这些物质有时能置人于死地，或使电、仪表等失灵，使飞机、轮船等失事。

世界上已发现的"活火山"共有523座，其中陆地上有455座，海底火山有68座；在地球上已知的"死火山"约有2000座。在火山爆发时，往往造成了大量的人员伤亡，在人类历史上，发生了多次的大规模火山爆发。

在1783年，冰岛拉基火山喷发，这就有了有史以来规模最大的熔岩流，当时一条26千米长的裂缝让一条快速流动的绳状熔岩流的"旅程"超过64千米。拉基火山喷出的熔岩数量高达12立方千米，覆盖了564平方千米的区域。此次喷发断断续续，前后总共经历了4个月之久。由于火山喷出的氟气以氢氟酸形式降落到冰岛地面，从而导致大量牲畜死亡。据统计，当时有一半的马和牛以及3/4的羊死于氢氟酸。由于出现大饥荒，整个社会处于一片混乱之中，抢劫行为日益猖獗；最终有1/4的冰岛人死于饥饿。

被喷射的二氧化硫气体弥漫到更远的地区，这使整个欧洲被厚厚的雾气笼罩，霾则肆无忌惮地在地面降落，致使数千人死于高温。炎热的夏季过后，这之后就是漫长而寒冷的冬季。北半球大部分地区的温度较往常低4℃～9℃。西伯利亚和阿拉斯加经历了500年来最冷的夏季，农作物大量减产，可怕的饥荒在所有地区肆虐。由于拉基火山喷发，冰岛共有大约9300人丧命，全世界因此死亡的人数可能是这一数字的10倍或者更多。

火山爆发给人们呈现出了大自然疯狂的一面。这样的自然浩劫可能造成数以万计人伤亡的惨剧，给人类和生命财产造成巨大的损失。但是火山过后它能提供丰富的土地、热能和许多种矿产资源，还能提供旅游资源。不过，它毕竟是一种自然灾害，因此，加强预报是防止火山灾害的唯一办法。

◎山脉

山脉之所以被称为山脉是由于它像脉状，它是沿一定的方向延伸，其中包含了由若干条山岭和山谷组成的山体。山脉和山地是有区别的，山脉是由地壳运动里的内引力作用，有明显褶皱；相对的山地在一定的力的作用下，没有明显的褶皱现象。主脉是由主体的山岭构成，而支脉则是由主脉延伸出去的山岭所构成。在世界上有著名的喜马拉雅山脉，阿尔卑斯山脉和安第斯山脉等。

世界上有名的喜马拉雅山脉在中国、印度和尼泊尔等国的边境上呈现弧状分布，它绵延了 2400 多千米，而且平均的海拔 6000 米，是世界上最高大最雄伟的山脉。而且喜马拉雅山脉中也包括了世界上多座最高的山，其中世界第一峰——珠穆朗玛峰就是其中之一。

※ 喜马拉雅山脉

喜马拉雅山有着扶摇直上的高度，在它的一侧是陡峭参差不齐的山峰，其山谷和高山冰川令人惊叹，还有由于侵蚀作用被深深切割的地形，河流峡谷深不可测，地质构造复杂，动植物和气候表现出不同的生态联系的系列海拔带。从南面看像是一弯硕大的新月，其主轴超出雪线之上，而且山谷低处的供水都是由雪原、高山冰川以及雪崩形成的，从而也成为众多河流的源头。

喜马拉雅山被称为世界屋脊，是地球上的最高部分，这个美丽的称呼是由古印度的朝圣者根据梵文创造的，它的意思是冰雪的居所，起这样一个名字的原因是因为喜马拉雅山常年被冰雪所覆盖。喜马拉雅山是世界上最美丽的地方之一，其主峰珠穆朗玛峰作为世界第一峰，对于中外登山队来说，是很有吸引力的攀登目标，但同时也向他们提出了最大的挑战。

著名的阿尔卑斯山脉是欧洲最高大的山脉，绵延了 1200 千米，平均海拔约 3000 米，它从热亚湾附近的图尔奇诺山口沿法国、意大利边境北上，后经瑞士进入奥地利境内。而阿尔卑斯的主峰勃朗峰位于意大利的边境上，山峰终年积雪不化，银白如玉。

阿尔卑斯山脉冰川是欧洲最大的山地冰川中心，在山区上有厚达 1 千米的冰盖，而且各种类型冰川地貌都很全面，其中以冰蚀地貌最为典型。上面的岛状山峰是由少数高峰突出冰面构成的，而且很多山峰的角峰都很锐利，并有由于冰川侵蚀作用形成的冰蚀崖、角峰、冰斗等，还有由于冰川堆积作用的冰碛地貌，有总面积约 4000 平方千米的现代冰川。

阿尔卑斯山脉的山势雄伟，许多高峰终年积雪，是景色迷人的旅游地，是冰雪运动的圣地，登山者的乐园，吸引着来自各国的旅游者和登山爱好者。

青少年应该知道的地理百科知识

◎大陆漂移

如果你有足够的兴趣和时间去仔细看一下世界地图的话，你可能会发现一件很神奇的事情。南非的西海岸和南美的东海岸的凸凹像一块掰开的饼干，直观上就可以把它们拼合成一个整体。也许没听过"大陆漂移"的人会以为是在说笑话而已，但是这可不是随便说说那么简单的。

早在 20 世纪初，魏格纳就曾经根据大陆的轮廓、地层和古生物等很多资料而提出了一种大胆的假设，大陆是会漂移的。有着科学家

※ 地球

清醒的头脑和敏锐的洞察力的魏格纳，在观察地图上海洋两侧的陆地轮廓时不断的思索。并通过其他的考察、研究，依据古生物化石、地层构造、岩相的相似性和连续性特征，不断找寻出大西洋两岸陆地吻合的证据，他提出大陆横向运动的可能性。并且推断说早在三亿年前，地球上已经有了一片广阔而连续的水域——"泛大洋"。由于地球不停自转产生的离心力以及天体引潮力的作用，才使得联合古陆出现裂缝，并渐渐分离漂移成为人们今天所见到的海陆分布。

但是他的说法却被人们视为荒谬无比的笑话。魏格纳仍然坚信"大陆漂移"，为了进一步找到"大陆漂移"的证据，他前往北极地区，到格陵兰岛去探险考察。1912 年，魏格纳在法兰克福举行的地质学会上演讲了"大陆与海洋的起源"，并且提出大陆漂移的假说。为了研究冰川学和古气候学，他再一次到格陵兰岛考察。但是第一次世界大战的爆发，使他的研究工作不得不停止。魏格纳在战场上受了重伤，他在养病的时候写成并出版了《大陆和海洋的起源》一书，对大陆漂移说进行了大概的阐述，然而却没有被人们接受。虽然得到了地质学家和古生物学家的肯定，但也有更多的地球物理学家对此不屑和反驳。

1968 年，法国的地质学家勒皮雄、麦肯齐、摩根等人共同提出了"板块构造学说"，又叫"全球大地构造"。他们认为，大陆壳或大洋壳都曾经发生过大规模水平运动，并一直在继续运动。但并不是大陆漂移说所

提出的是在硅铝层和硅镁层之间发生的，而是整个地幔软流层像传送带那样在移动，大陆就像被传送的"乘客"。

目前为止，大陆是否在不断漂移的，仍然只能依靠假设去推断。但是科学家们仍然会不断地努力去探索这个奥秘，一步一步解开板块构造学说。揭开大陆板块的活动之谜，相信总有一天会弄清地球大陆板块长达46亿年的演化史。

知识窗

地壳中含量最多的元素是氧，但含量最多的金属元素则要首推铝了。

铝占地壳总量的 7.73%，比铁的含量多一倍，大约占地壳中金属元素总量的 1/3。

铝对人类的生产生活有着重大的意义，它的密度很小，导电、导热性能好，延展性也不错，且不易发生氧化作用，它的主要缺点是太软。为了发挥铝的优势，弥补它的不足，故而使用时将它制成合金。铝合金的强度很高，但重量却比一般钢铁轻得多。它广泛用来制造飞机、火车车厢、轮船、日用品等。由于它的导电性能好，它又被用来输电。由于它有很好的抗腐蚀性和对光的反射性，因而在太阳能的利用上也一展身手。

一般认为，铝是 19 世纪由德国化学家早勒发现的。短短百年来，这种年轻的金属已为人类做出巨大的贡献。由于它储量丰富，预计在将来会得到更广泛的应用。

拓展思考

1. 对于大陆漂移学说你有自己的看法吗？
2. 地壳运动的原因是什么？

青少年应该知道的地理百科知识

地球磁场

Di Qiu Ci Chang

※ 地球磁场

分布在地球的周围有一些磁场，我们把它叫做地磁场。地磁场大约在 34.5 亿年前已经形成，和地球上最早的生命大约形成于同一时间。地磁场就像在地球中心放了一个大的磁棒，其产生的磁偶极子所形成的磁场。地磁场有两个极，S 极和 N 极，分别位于北极和南极。从指南针的问世，人们已经笼统地知道了地球有南北极两个对称的磁场。然而地理位置上的南北两极和两个磁场相近却不重合。

地磁场的磁场强度有磁力线的方向和大小矢量。为了准确的确定地球上某一点的磁场强度，经常采用的测量方法有磁偏角、磁倾角和磁场强度三个要素。

地磁场也会被外界的扰动影响，所以它并不是孤立的。由于太阳风的磁场不断的对地球的磁场施加作用，地球的磁场不断地反抗去阻挡太阳风磁场的长驱直入。于是太阳风绕过地球磁场继续向前行动，继而出现了被太阳风包围的地球磁场而形成一个彗星撞的区域，这就形成了我们所说的地磁层。

地磁层在距离地球表面 600 千米～1000 千米的高空，磁层顶在距离地面5 万～7万千米的磁层边界处。地球磁力线因为受到太阳风的作用，在北向太阳的一面不断的延伸，像一条常常的尾巴，我们通常把它叫做磁尾。

在近代，有一些科学家指出，基本磁场、变化磁场和磁异常才是真正组成地磁场的三个部分。基本磁场是磁场主题的稳定磁场，在地磁场中约占 99％以上；地磁场近似偶几场的特性也是由它决定的，接近地表时相对较强，远离时则会弱一些。在过去，人们认为地球是一个大的磁铁，所以周围才会出现磁场。但是后来又发现在物质的居里温度过高时，磁铁便会失去磁性。而铁磁场的居里温度为 500℃～700℃，地球中心部的温度却远远不止于此。所以地球是一个庞大磁性体的说法被推翻。现在流行的地磁起源说法是自激发电机假说，认为地磁场起源于地球外地核圈层。因为外地核的液态可能是一个导电的流体层，发生差异运动或者对流的可能性更大些，会使原来的弱磁场增强，进而导致磁场进一步增强，才形成现在说的基本磁场。而地球外部叠加在基本磁场上发生短期变化的磁场，我们就把它叫做变化磁场，仅占地磁场不到 1% 的很小部分。太阳的辐射、太阳带电粒子流和太阳黑子活动是变化磁场形成的主要因素。在地球的内部，一些具有磁性的矿石和岩石会引起磁场并叠加在基本磁场上，我们把它叫做磁异常。

地球的磁场是在不断变化着的，而且变化多端。每一个地方的磁场方向、强度都会随时发生变化，有可能会变小，甚至南北极发生大反转也有可能。地磁场是很复杂的，即便是在现今的科学，我们仍然无法预测出在遥远的未来它会发生怎样的变化。

| 拓展思考 |

1. 信鸽不会迷路和磁场有关吗？
2. 磁场对我们的生活有什么影响？

热带亚热带气候

Re Dai Ya Re Dai Qi Hou

◎热带雨林气候

热带雨林气候又称"赤道多雨气候"，分布在赤道两侧南北纬10°之间。终年高温多雨，各月平均气温在 25℃～28℃之间，年降水量可达2000毫米以上。季节分配均匀，无干旱期。主要出现在南美洲亚马逊平原，非洲刚果盆地和几内亚湾沿岸、亚洲的马来群岛大部和马来半岛南部。

在热带雨林的形成原因上，受诸多因素的影响，其主导因素还是有区别的。在赤道地区南北纬10°的范围内，总的趋势主要受太阳辐射的影响，（热带雨林气候的太阳辐射量一般在 10 至 180 千卡平方厘米）赤道低压带，信风在赤道附近聚集，辐合上升，所含水汽容易成云致雨。气候变化单调，全年皆夏。一般情况下早晨晴朗，午前会变得炎热，午后下雨，黄昏雨歇，天气稍凉。但在世界上相同类型地区中，亚马逊平原的热带常绿

※ 热带雨林

雨林不仅面积最广，而且发育也最为充分和典型，这是由于亚马逊平原所在的地理位置是赤道横穿其间，地形结构上北有圭亚那高原，南有巴西高原、西有安第斯山脉，呈围椅状东低西高的地势，敞开着怀抱接纳由东北东南信风和南北赤道暖流带来的丰沛的暖湿气流。使它具有特别有利于该类型发育的现代气候条件，另一方面也与它发育历史悠久、形成过程中自然地理条件相对比较稳定有关。亚马逊河是世界上第二长的河流。它由西向东贯穿整个南美洲，流域面积广达 600 万平方千米，上面布满浓密的丛林。亚马逊河的主流有时候会泛滥成灾，淹没广达数千平方千米的林地，是世界上径流量最大的河流，成因上的综合性特征非常显著。

全年高温多雨。太阳辐射年变化小，并由于太阳在一年内的春分、秋分前后两次通过天顶，所以气象要素的年变化都具有双峰型的特点。一年内各月平均气温在 24℃～28℃ 之间变化，年温差一般不超过 5℃，尤其是大洋上，通常不超过 1℃。气温日变化比年变化大，日较差可达 10℃～15℃。但日最高气温很少超过 35℃，日最低气温很少低于 20℃。全年湿度较高，就亚马逊河下游而言，相对湿度年平均达 90％ 以上。降水充沛，多伴有雷雨，年降水量达 1500 毫米～3000 毫米，山地最多达 6000 毫米以上，如非洲喀麦隆火山山麓代本贾的年降水量达 9470 毫米。降水的季节分配比较均匀，但个别地区仍有显著差异。如非洲刚果河流域比亚洲和南美洲的热带雨林气候更显示了大陆性，有的地方雨量较少，如加蓬的利伯维尔从 10 月至次年 5 月期间，月雨量 200 毫米～300 毫米，而 6、7 每月仅 5 毫米。另外，在大洋上也会出现干旱少雨地区，如太平洋上的莫尔登岛，年降水量仅 730 毫米。具有热带雨林气候的高山地区，气温较低，但其年变化仍很小。这些地区，从山麓到山顶，可以出现热带雨林到终年积雪的气候，呈现出类似从赤道到极地的各种自然景观，垂直分布最为丰富多彩。

◎热带草原气候

热带草原气候主要分布在热带雨林的南北两侧，一般情况下在南、北纬 10°～23°27′ 之间。夏季长没有冬季，干湿季分明是它的突出特点。它终年气温很高，有些地方甚至比热带雨林地区还热。但降雨却集中在一年的 4～6 个月内，成为雨季；另外 4～5 个月几乎滴雨不下，成为旱季。所以自然景观也就与热带雨林截然不同。这里木种类不多，分布稀疏，草长得很高，通常称之为稀树草原。

稀树草原是肉食动物和草食动物栖息的理想场所，所以这里成为动物的王国。动物种类多，数量大，有很多著名的天然动物园。这里景色的季节变化明显。冬季到来，树木落叶，到处枯黄；而雨季一到，则满目翠绿，郁郁葱葱。

全年都处于高温当中，分明显的干湿两季。年雨量700毫米~1000毫米，多集中在湿季。干季的气温高于热带雨林地区，每日平均气温在24℃~30℃之间。大致每年5~10月大陆低气压北移，这时北半球热带草原上盛行从几内亚湾吹来的西南季风，又称为几内亚季风，带来丰沛降水，形成湿季。11月到次年4月，大陆低气压南移，北半球热带草原盛行来自北回归高气压带的信风（哈马丹风），十分干燥，形成干季。南半球热草带草原的干、湿季节时间与北半球恰好相反。

◎热带沙漠气候

沙漠气候是大陆性气候的极端情况。这种气候在副热带沙漠分布最广，基本原因就是少雨，植物难以生存，植物种类和数量极其稀少。地表裸露，空气十分干燥，极少水分。白天太阳辐射强，地面加热迅速，气温可高达60℃~70℃。上升气流强，但因空气干燥，极少成云致雨，只有狂风沙尘。夜间地面，冷却极强，甚至可以降到0℃以下。由此，气温日变化非常大。可以高达50℃以上。

※ 热带沙漠

热带沙漠气候的特点很多，例如，阳光强，晴天多，干燥，夏季热，昼夜温差大，风沙多等等，其中的关键是"干"。由于太过干旱，云雨少，日照多，阳光强；因为干，天上没有云彩，不能挡掉部分阳光，地面没有水分，无法蒸发已达到降低温度的目的，太阳晒到地面的热量，全都用来加热了大地和空气，所以夏季温度特别高，昼夜温差特别大；因为干，地面很少植物，一起风，就刮沙。沙漠表面的高温，使得贴地气层内上下温差极大。而气层上凉下热的气温分布，可以把远处景物倒映在旅人的前下方，气象学上称为下现蜃景，俗称海市蜃楼。因此，沙漠中旅人常常见到前面有蓝蓝的湖水，其实那是远方的天空的倒映像，使他们空欢喜一场。夏季午后黑色柏油路面上，也常能望见前方路面上有一汪蓝色的水，走近看却没有了，又移到了前方。这也是路上出现蜃景的骗局。

热带沙漠气候主要分布在南北回归线附近的大陆内部或大陆西岸，主要分布地理位置在非洲北部、亚洲西部、澳大利亚中西部和南美洲西侧的狭长区域等地，大致在回归线附近的大陆内部和西岸。以非洲北部、亚洲阿拉伯半岛和澳大利亚沙漠区为典型。非洲的撒哈拉沙漠、卡拉哈里沙漠、西南亚的阿拉伯大沙漠、塔尔沙漠、澳大利亚西部和中部沙漠、北美的科罗拉多下游及加利福尼亚的沙漠、南美的阿塔卡马沙漠等都具有典型的热带沙漠气候。

热带沙漠气候区在热带草原气候区的南北两侧。这些地方气压高，天气稳定，由于风总是从陆地吹向海洋，海上的潮湿空气没有办法进入陆地，因此雨量非常少，非常干旱，地面上的岩石经风化后形成细小的沙粒，沙粒随风飘扬，堆积起来就形成了沙丘，沙丘广布，就变成了浩瀚的沙漠。有些地方岩石风化的速度较慢，形成大片砾石，这就是荒漠。地球上沙漠分布的面积十分广大，并有进一步扩大的趋势。

撒哈拉沙漠是世界上最大的沙漠，热带沙漠气候也最典型。它极度干旱而酷热，大多数地区平均年降雨量在50毫米以下，有的地方甚至多年滴雨不下，是地球上最干燥的气候类型。酷热是沙漠的杰作，绝对最高气温可超过50℃，地面温度更高。世界上最热的地方就出现在撒哈拉沙漠中，难怪戈壁滩上摊鸡蛋，成了探险家们的拿手好戏。中国也有"三大火炉"，但相比之下就小巫见大巫了。在这种恶劣气候下，能存活下来的生物自然少而又少，只有那些耐旱的矮小植物和能忍受干渴的小动物，才能够成为沙漠王国的强者。

◎热带季风气候

热带季风气候主要分布在印度半岛、中南半岛的大部分地区，零星分布于中国台湾南部、广西南部、广东南部、海南岛、云南西双版纳，以及菲律宾群岛北部。世界气候示意图中的湖蓝色部分，中南半岛和印度半岛附近。

热带季风的形成是由于旱季气压带和风带的位置向南移动，该地受东北信风和由亚洲大陆吹向海洋的并在低纬度地区偏转而形成的东北季风的共同影响结果；雨季，因夏季气压带和风带的向北移动，该地受到东南信风越过赤道偏转而来的西南季风和由海陆热力性质差异引起的由海洋吹向陆地季风共同作用的结果。

热带季风气候终年都处于高温中，年平均气温在 22℃ 以上，最冷月一般在 16℃ 以上。旱雨季明显，降水集中在雨季，且降水量大。季风显著，旱季时陆地高压散发出来的东北季风汇入海洋上的赤道辐合带。盛行热带气旋。与"夏季风"同步，每年 5 月中旬至 9 月中旬为热带气旋盛行季节

◎亚热带季风气候

亚热带季风气候主要分布在北纬 25°～35°亚热带大陆东岸，东亚地区最具有代表性，它是热带海洋气团和极地大陆气团交替控制和互相角逐交绥的地带。亚热带季风气候主要分布在我国东部秦岭淮河以南、热带季风气候型以北的地带，以及日本南部和朝鲜半岛南部等地。

亚热带季风气候的特点：1 月平均温普遍在 0℃ 以上，夏季相对比较炎热，7 月平均温一般为 25℃ 左右，冬夏风向有明显变化，年降水量一般在 1000 毫米以上，主要集中在夏季，冬季较少。亚热带季风性湿润气候在北美洲东南部和南美洲阿根廷东部地区，以及澳大利亚的东南部分布。这些地区，由于冬季也有相当数量的降水，冬夏干湿差别不大，所以叫亚热带季风性湿润气候。该气候的成因也是因为海陆热力性质的差异，只不过该气候分布地区的海陆热力性质差异没有前者强。

亚热带季风性湿润气候只是没有像亚热带季风性气候的热力性质那样强，这是由于亚热带季风性湿润气候所分布的大陆并不是最大大陆，所临海洋也不是最大洋。由于海水与土的比热容不一样，所以会产生冷热差异，形成季风。冷热差异并不剧烈，所以冬夏干湿差别不大，形成亚热带季风性湿润气候。亚热带季风和季风性湿润气候夏季高温多雨，冬季寒冷

干燥，受季风进退影响，亚热带季风气候受副热带高气压带控制，高温干燥，冬季受西风控制，温和湿润，受西风带移动影响。亚热带季风气候只在亚洲东部；其他大洲的东岸季风性不典型，所以被称作亚热带季风性湿润气候。

▶知 识 窗

　　热带作物指热带气候地区栽培的植物，在中国通常指在热带气候地区栽种的特种经济作物，种植范围主要在广东、海南、广西、云南、福建、台湾等地，以海南岛和西双版纳最适宜。

　　根据其用途和经济性状大致分为 12 个主要类别，其中有的在国民经济中占有重要地位。如橡胶树所产橡胶，与钢铁、石油、煤炭并列为四大工业原料；咖啡、可可与茶为世界三大饮料；木薯是许多发展中国家的主要粮食和能源植物；提供各种香料、水果和特效药材。

　　由于多起源于或长期栽种于热带，热带作物一般要求较高热量条件。如纯热带作物的可可、面包米和榴莲等，中国只能在海南省南部种植。有的对热量的要求，有一定的可塑性，也可适于较高纬度的气候条件。如橡胶树，在中国经人工栽培，已扩种到北纬 24°的适宜地区。但是，扩种的可能性有一定限度，品种改良是向较高纬度扩种的必需步骤。热带作物一般为多年生，通常采取种植园方式生产，一次栽种，多年收获。种植后不宜轻易改种其他作物。开始的投资大，初期有较长的非生产期。因此必须选择较好的种植地理环境条件，建立种植园，以便育种、栽培改良和就地进行初产品加工。

|拓展思考|

1. 热带沙漠中生活着怎样的动物？
2. 在撒哈拉沙漠中的人是怎样生活的？

温带气候

Wen Dai Qi Hou

◎地中海气候

地中海气候是亚热带、温带的一种气候类型，这种气候之所以叫地中海气候，是因为地中海沿岸地区的地中海气候最为典型。地中海气候分布在地中海沿海最为典型的原因，是地中海气候的成因是由西风带与副热带高气压带交替控制形成的，在地中海地区，夏季受副热带高气压带控制，地中海水温相比陆地低从而形成高压，加大了副热带高气压带的影响势力，冬季地中海的水温又相对较高，形成低压，吸引西风，又使西风的势力大大地加强了。

亚热带地中海气候区由西风带和副热带高压带及信风带交替控制。冬天的时候，西风带南移至此气候区内，西风从海洋上带来潮湿的气流，加上锋面气旋活动频繁，所以气候温和多雨。而夏季时，副热带高压或信风向北移至此气候区内，气流以下沉为主，再加上沿海寒流的作用，不易形成降水，因此气候干燥炎热。

※ 地中海地区

亚热带地中海气候的成因主要是冬季受西风带控制，锋面气旋活动频繁；夏季受副热带高压带控制，气流下沉。在世界十多种气候类型中，全年受气压带、风带交替控制的气候类型中，除地中海气候外，还有热带草原气候和热带沙漠气候。

◎温带海洋性气候

温带海洋性气候是全年温和常湿的气候。分布在纬度 40°～60°～65° 之间的大陆西岸。这类气候全年在盛行西风影响下，气旋频繁过境，年降雨量 500～700 毫米，在地形有利地区多达 2500 毫米以上。最冷月平均气温在 0℃ 以上，最暖月又低于 22℃，年温差远小于同纬度的内陆与东岸地区。这一气候分布在有西北欧、加拿大太平洋沿岸、智利南部、南非及澳大利亚的东南一小部分。

温带海洋性气候冬暖夏凉，年温差很小，海洋性气候区内愈靠近大洋，气候的海洋性愈强。此区正当温带气旋活动的路径上，气旋雨量丰沛，特别是冬季的时候温带气旋更为活跃，雨日很多，但降水强度并不大。在洋面上甚至观测不到日变化。年变化的极值一般比大陆后延 1 个月，如最冷温带海洋性气候月为 2 月，最暖月为 8 月。在高纬地区最冷月还可能是 3 月，最暖月也可能到 9 月。秋季暖于春季。降水日数多，但强度小。云雾频数多，湿度高。在热带海洋多风暴，温带海洋性气候还有多云雾天气，湿度大的特点。

◎温带大陆性气候

温带大陆性气候主要分布在南、北纬 40°～60°的亚欧大陆和北美大陆内陆地区和南美南部。由于远离海洋，湿润气团难以到达内陆，因而干燥少雨，气候呈极端性大陆性，气温年、月较差为各气候类型之最。而且，越趋向大陆中心，就越干旱，气温的年、日较差也越大，植被也由森林过渡到草原、荒漠。温带大陆性气候的特征是：冬冷夏热，年温差大，降水集中，四季分明，年降雨量较少，大陆性强。

温带大陆性气候的气候特征大体上来说是：冬寒夏热，年温差大，降水集中在夏季，四季分明，年降雨量少。由于远离海洋，湿润气候难以到达，因而干燥少雨，气候呈极端性。

大陆性气候，气温年、月较差为各气候类型之最。而且，越趋向大陆中心，就越干旱，气温的年、日较差也越大，植被也由森林过渡到草原、荒漠。

简而言之：夏季短暂炎热，冬季漫长严寒，全年降水少，降水主要集中在夏季。

◎温带季风气候

温带季风气候位于最大的大陆亚洲大陆与最大的大洋太平洋之间，海陆热力性质差异显著。夏季亚欧大陆低压连成一片，海洋上副热带高压西伸北进，东南季风带来丰沛的降水；冬季强大的蒙古高压散发出来的西北季风影响本地。因风向切变符合季风要求，故为季风气候。

夏季高温多雨，冬季寒冷干燥。冬冷夏热，雨热同期。冬季气温低于0℃，冬季这里受来自高纬内陆偏北风的影响，盛行极地大陆气团，寒冷干燥；夏季受极地海洋气团或变性热带海洋气团影响，盛行东和东南风，暖热多雨，雨热同季。年降水量 1000 毫米左右，约有 2/3 集中于夏季（夏季炎热多雨，冬季寒冷干燥）。

温带季风气候四季分明，冬夏季风方向变化显著。

▶知识窗

温带气旋是出现在中高纬度地区而中心气压低于四周近似椭圆形的空气涡旋，是影响大范围天气变化的重要天气系统之一。温带气旋的直径平均 1000 千米，小的也有几百千米，大的可达 3000 千米或以上。气旋随高空偏西气流向东移动，前部为暖锋，后部为冷锋，两者衔接处的波动南侧为暖区。温带气旋从生成、发展到消亡，一般为 2~6 天。同一锋面上有时会接连形成 2~5 个温带气旋，自西向东依次移动前进，称为"气旋族"。

一些温带气旋由锋面上的一个波动发展而成。在锋面上因某些原因而形成波动，并在波动顶点附近出现一条闭合等压线，此后逐渐发展，形成一个完整的气旋。

温带气旋也可由热带气旋变成，当热带气旋北移至温带一带，受西风槽影响而失去了热带气旋的特性，转变成温带气旋。另一方面，视其位置及强度，大型的温带气旋的影响范围可能会超过温带地区，连带亚热带地区也可受到影响。

拓展思考

1. 哪一种温带气候区域分布的动植物最多？
2. 你认为哪一种温带气候最适合人类生存？

青少年应该知道的地理百科知识

极地气候

Ji Di Qi Hou

北极寒带气候也叫做苔原气候，主要分布在北美洲和亚欧大陆的北部边缘，格林兰沿海一带和北极的一些岛屿。植被以苔原景观为主，包括苔藓、地衣、小灌木等耐寒植物。北极寒带气候的特征是全年皆冬，最暖月 10℃ 等温线和针叶林带分界；最暖月 0℃ 等温线和冰冠区分界。气温低，蒸发微弱，相对湿度高，沿岸多云雾。该区降水量在 250 毫米以下，多为降雪。部分冰雪在夏季能短期溶解，降水量偏低。土壤为冰沼土，酸性，不利农耕。居民主要是爱斯基摩人，也称因纽特人。

南极寒带气候也称冰原气候、冰漠气候。主要包括南极大陆，也包括北极的格林兰岛部分和其他一些岛屿。主要地理景观为冰原景观，无植被。南极寒带气候的气候特征是全年严寒，各月平均气温在 0℃ 以下，这里是冰洋气团的源地，曾经有过全球最低温。南极寒带气候区的年降水量约 100 毫米，都是降雪。雪量不多，但因常年累积，形成深厚的冰层。风速约在 25 米每秒以上，最大超过 100 米每秒，吹雪称为雪暴。本区无定

※ 北极熊

※ 南极冰川

居居民，只有少数科学考察研究者，代表动物为企鹅。南极的大气层有臭氧空洞，这是一种严重的环境问题。

▶ 知 识 窗

· 分布在极地的动物群 ·

极地指南北极，有永久冻土和短暂的夏季，仅生长地衣、苔藓和矮小灌木，动物种类贫乏。北极地带只有少数几种哺乳类，如驯鹿、北极狐、雪兔等，在大陆冰原的边缘，有北极熊、海豹等，鸟类和昆虫的种类贫乏。动物对极端气候的生理和生态适应包括：特殊的抗寒性，夏季昼夜活动及适应于伪装的淡浅体色，如柳雷鸟和雪兔有白色冬毛。南极基本上没有陆生动物，仅在夏季有一些迁徙鸟类。企鹅是最主要的栖居者，集中分布于海岸地带。

| 拓展思考 |

1. 气候变暖对极地气候产生了怎样的影响？
2. 南北极有怎样的差距？

34

海

洋

HAIYANG

第二章

地球上的海陆分布

Di Qiu Shang De Hai Lu Fen Bu

从地球仪上观察，世界上的海陆分布极不均匀。陆地大部分在北半球，海洋主要在南半球。从东西半球看，陆地主要在东半球，海洋主要在西半球。下面我们具体看一看地球上的海陆分布。

◎大陆、半岛、岛屿、群岛、大洋、海、海峡

大陆：大陆是指地球上面积宽广而完整的陆地。地球上一共有6块大陆，分别是亚欧大陆、非洲大陆、北美大陆、南美大陆、南极大陆和澳大利亚大陆。其中，亚欧大陆包括亚洲和欧洲两大洲。

半岛：是指伸入海洋或湖泊陆地，一面与大陆相连，其余三面被水环绕。大的半岛主要是受到地质构造断陷作用而形成，如中国的辽东半岛、山东半岛、雷州半岛等。除此之外，由于沿岸泥沙流携带泥沙由陆向岛堆积，或岛屿受海浪侵蚀使碎屑物质由岛向陆堆积，逐渐使岛与大陆连接，形成陆连岛，中国山东省的芝罘岛就是这样一个岛。从分布情况看，世界上大部分半岛都分布在大陆的边缘地带。

岛屿：岛屿是指散布于海洋、江河或湖泊中的四面环水、高潮的时候露出水面、自然形成的陆地。在狭小的地域集中2个以上的岛屿，就把它们称之为"岛屿群"，列状排列的群岛称为"列岛"。假如说一个国家的所有国土都坐落在一个岛上，那么这个国家就被称为岛国。

岛屿分为两种类型，一种是大陆型，一种是海洋型。大陆型岛是大陆棚上那些被水包围但未被淹没的部分；海洋型岛是指那些从海洋盆地底部升高到海面的岛。世界上比较大的岛屿大多都属大陆型。最大的格陵兰岛，面积为217.56万平方千米，与毗邻的北美大陆由相同的物质组成，由一片狭窄的浅海与北美大陆隔开。新几内亚岛是世界第二大岛，它是澳大利亚大陆台地的一部分，一道很浅而窄的托列斯海峡将它与陆地隔开。托列斯海峡附近的海底只要稍稍翘起，就完全能够将新几内亚与澳大利亚连接起来；相反的，海平面稍有上升就会淹没丘陵海岸，而余下的丘顶就会变成岸外小岛。

群岛：群岛是指一群岛屿，包括一些岛屿的若干部分、相连的水域和

其他自然地形。群岛最早指多岛海（分布着很多岛屿的海），如爱琴海中的岛屿。后来，人们将太平洋图阿莫图低群岛、巴拿马湾中的珍珠岛等也归为此类。根据岛屿的形成原因，可分为构造升降引起的构造群岛，火山作用形成的火山群岛，生物骨骼形成的生物礁群岛，外动力条件下形成的堡垒群岛。群岛也是有大有小，许多大型群岛中通常也包含着许多小群岛，如马来群岛就包括菲律宾群岛、大異他群岛、小異他群岛、东南群岛、西南群岛、马鲁古群岛等。如果岛屿排列成线形或弧形，人们又将其称为列岛，我国就有长山列岛、澎湖列岛等多个列岛。

全世界范围内有 50 多个重要的群岛，分别分布于 4 个大洋中。其中，太平洋有 19 个，大西洋有 17 个，印度洋有 9 个，北冰洋海域中有 5 个。

大洋：离大陆较远的辽阔水域，是海洋的中心部分。大洋约占海洋总面积的 89%。深度较大，海水的温度及盐度不受大陆的影响，平均盐度在 35% 左右。

海：大洋靠近大陆的部分称为海。深度较小（一般 2000 米～3000 米），海水特征受大洋和大陆两方面的影响，会出现明显的季节变化。地球上，海的面积约占海洋总面积的 11%。根据地理位置划分，海可分为边缘海、地中海和内海。

海峡：又称为"海上走廊""黄金水道"，是指两块陆地之间连接两个洋或海的狭窄水道。它一般水较深，水流湍急。海峡在航运上、军事上都具有重要意义。据统计，全世界共有 1000 多个海峡，其中较为著名的有：连接北冰洋和太平洋的白令海峡；连接黑海和地中海的土耳其海峡（又称黑海海峡）；连接大西洋和地中海的直布罗陀海峡等。

◎地球表面水陆面积的比例

地球的总面积大约是 5.1 亿平方千米，其中陆地面积 1.49 亿平方千米，海洋面积 3.61 亿平方千米，海洋所占的面积远大于大陆。

▶知识窗

　　中国的面积达 500 平方米以上的岛屿为 6536 个，总面积 72800 多平方千米，岛屿岸线长 14217.8 千米。其中有人居住的岛屿为 450 个。中国岛屿小岛多、大岛少，无人岛多、有人岛少，缺水岛多、有水岛少。我国面积超过 1000 平方千米的大岛有 3 个：台湾岛、海南岛、崇明岛。按其成因可分 3 类：基岩岛、冲积岛、珊瑚礁岛。东海约占岛屿总数的 60%，南海约占 30%，黄、渤海约占 10%。

拓展思考

1. 地球上，海陆各占多少？
2. 地球上哪个洋最大？

青少年应该知道的地理百科知识

边缘海、陆间海、内海

Bian Yuan Hai、Lu Jian Hai、Nei Hai

根据海洋所处的位置，我们可以将海洋分为陆间海、内海和边缘海。大多数人经常将这三个概念混淆，其实它们有着很大的区别。

◎边缘海

边缘海又称为陆缘海。位于大陆和大洋的边缘，其一侧以大陆为界，另一侧以半岛、岛屿或岛弧与大洋分隔。水流交换通畅的海称为"边缘海"，如黄海、东海、南海、白令海、鄂霍次克海、日本海、加利福尼亚湾、北海、阿拉伯海等。按照板块构造学说，边缘海属于弧后盆地，它的轮廓受构造控制。

1. 黄海

黄海是太平洋西部的一个边缘海，黄海西临山东半岛和苏北平原，东边是朝鲜半岛，北边是辽东半岛，西有胶州湾、海州湾，东有朝鲜湾和江华湾，是中国与朝鲜半岛之间的陆架浅海。黄海南北长870千米，东西宽556千米，总面积约38万平方千米。

黄海海面突然变得开阔，因为古时候黄河水流入，江河搬运来大量泥沙，使得黄海近岸的海水染成了黄色，所以它就被称为黄海。汇入黄海的河流主要有淮河水系，中朝界河鸭绿江和朝鲜的大同江。黄海的水温年变化为15℃～24℃，比渤海小。黄海因受大陆径流的影响，盐度较低，大约为32‰。

黄海正好是寒暖流交汇的地区，水产十分丰富。沿岸地势平坦，面积宽广，适宜晒盐。例如，著名的长芦盐区、烟台以西的山东盐区以及辽东湾一带，都是中国重要的产盐区。黄海还盛产海参、牡蛎、马蹄螺、金枪鱼、红鱼、鲨鱼、大龙虾、梭子鱼、墨鱼、鱿鱼等热带名贵水产。

2. 日本海

日本海是太平洋西部的边缘海，它位于日本群岛和亚洲大陆之间，南经朝鲜海峡与东海相通，北经宗谷海峡与鄂霍次克海相连，东经关门海峡与濑户内海相接。日本海呈椭圆形，南北长 2300 千米，东西宽 1300 千米，平均水深 1350 米，最大深度 3742 米，容积 171.3 万立方千米，总面积约 100 万平方千米。日本海海底主要是海盆和峡谷。日本海海底有一条日本海沟，它位于日本群岛东部深邃的海底洼地，它的深度非常大，其北部的塔斯卡罗拉海渊最深处达 8513 米，被全世界公认为是海洋最深点。

3. 阿拉伯海

阿拉伯海是印度洋西北部的一个边缘海，整个海域岛屿不多，沿海地区大陆架面积狭小，仅印度半岛沿岸较为宽阔。阿拉伯海平均水深 2734 米，最深处 5203 米，总面积约 386 万平方千米。印度河是流入该海的最大河流，同时它也是海上东西交通要道。

阿拉伯海海水含盐度会跟随季节而变化，一般在雨季小于 35‰，在旱季大于 36‰。沿岸大陆架蕴藏有数量较大的石油与天然气。海中的生物资源也很丰富，鱼类主要有鲭鱼、沙丁鱼、比目鱼、金枪鱼和鲨鱼等，可供人们食用。

◎陆间海

顾名思义，陆间海是位于两个大陆之间的海，如地中海、红海就是陆间海。从海洋学上讲，陆间海是指具有海洋的特质，但被陆地环绕，形成一个形似湖泊但具海洋特质的海洋，一般与大洋之间仅以较窄的海峡相连。由于无法与大洋深处的海水相互流通，陆间海的海流产生的原因与一般海流不同，它受海水温度和盐度的影响，而不受风向的影响。

陆间海可分为两种类型：

外流型：这种类型的海水因蒸发盐度较高，比外面的海水高时，外面较淡的海水在表面流入，较咸的海水在底层流出。

内流型：这种类型的海水因降水和河流流入盐度下降，比外面的海水低时，外面较咸的海水在底层流入，较淡的海水在表面流出。深水的流入根本无法为海底提供充足的氧气。

◎内海

内海包括两个概念，从自然地理上讲，内海是指伸入大陆内部的海。通常这样的海面积不太大，仅有狭窄的水道与大洋或边缘海相通，而且海水较浅，它的水位特征会因为周围大陆气候的变化而受到影响。

从政治地理上讲，内海是一个国家内水的一部分，它包括各海港、领海基线以内的海域，以及为陆地所包围但入口较狭的海湾和通向海洋的海峡。内海是一个国家神圣不可侵犯的领土，沿海国有权关闭内海，不让其他国家的船只进入，或规定进入内海必须遵守的规则。我国山东半岛与辽东半岛之间的渤海、雷州半岛与海南岛之间的琼州海峡是中国的内海，渤海既是自然地理上的内海，又是政治地理上的内海，而琼州海峡仅仅是政治地理上的内海。

▶知 识 窗

　　海洋面积辽阔，储水量巨大，因而长期以来是地球上最稳定的生态系统。由陆地流入海洋的各种物质被海洋接纳，而海洋本身却没有发生显著的变化。然而近几十年，随着世界工业的发展，海洋的污染也日趋严重，使局部海域环境发生了很大变化，并有继续扩展的趋势。

　　海洋的污染主要是发生在靠近大陆的海湾。由于密集的人口和工业，大量的废水和固体废物倾入海水，加上海岸曲折造成水流交换不畅，使得海水的温度、PH、含盐量、透明度、生物种类和数量等性状发生改变，对海洋的生态平衡构成危害。目前，海洋污染突出表现为石油污染、赤潮、有毒物质累积、塑料污染和核污染等几个方面。污染最严重的海域有波罗的海、地中海、东京湾、纽约湾、墨西哥湾等。就国家来说，沿海污染严重的是日本、美国、西欧诸国和俄罗斯等国家。我国的渤海湾、黄海、东海和南海的污染状况也相当严重，虽然汞、镉、铅的浓度总体上尚在标准允许范围之内，但已有局部的超标区；石油和COD在各海域中有超标现象。其中污染最严重的渤海，由于污染已造成渔场外迁、鱼群死亡、赤潮泛滥、有些滩涂养殖场荒废、一些珍贵的海生资源正在丧失。

|拓展思考|

1. 边缘海是什么？
2. 你知道几个陆间海？

领海、公海、专属经济区

Ling Hai、Gong Hai、Zhuan Shu Jing Ji Qu

波澜壮阔的海洋共分为几大区域：领海、专属经济区和公海。从法律制度上，《联合国海洋法公约》将海洋分为：内海、领海、毗连区、专属经济区、大陆架、国际航行海峡、群岛水域、公海、国际海底区域，其中，有些区域在自然位置上是相互交叉在一起的。

◎领海

什么是领海？海洋法将领海定义为：国家主权扩展于其陆地领土及其内水以外邻接其海岸的一带海域。1982年《联合国海洋法公约》将领海的宽度规定为：每一个国家有权确定其领海的宽度，但并不指可以随意地确定，即从按照本公约确定的基线量起不超过12海里的界限。也就是说，量算领海的宽度要有一条起点线，这条起点线被称为领海基线。沿着领海基线向外划出一定宽度的海域，就是领海，基线内的水域则为内水。一般有两种确定沿海国领海基线的方法：（1）正常基线，又称低潮线，即退潮时海水退出最远的那条海岸线。（2）直线基线，即在大陆岸上和沿海岸外缘岛屿选定适当点作为基点，然后将相邻的基点用直线连接起来，这一系列的直线构成的基线为直线基线。这种基线适用于海岸线极为曲折，或者紧接海岸有一系列岛屿的地方。每个国家都可以根据其海岸的具体状况自行择定领海基线。

领海是一个国家领土的延伸，这个国家对领海享有主权。如属地优越权，对于领海内的人和物，除受国际法的限制外，行使排他的管辖权；捕鱼和开发领海资源的专属权利；领海上空的专属权利等，这些都包括在内。但是，一个国家在行使其领海主要时，要受到习惯国际法规则的限制，即外国船舶享有无公害通过一国领海的自由。《联合国海洋法公约》规定："所有国家，不论为沿海国或内陆国，其船舶均享有无害通过领海的权利。"这就是"无害通过权"。外国船舶在一个国家领海享有"无害通过权"，必须达到以下条件：（1）通过领海必须是无害的，即不损害沿岸国的和平、良好秩序或安全，也不违反国际法规则。（2）在通过一国领海时，应当遵守沿岸国的有关法令。（3）除了意外情况，通过领海必须是继续不停地迅速航行，中途不能随意停下来。需要注意的是，无害通过权一般只适用于商船，军舰的海上航行活动是否享有这项权利，目前还存在一定的分歧。

◎公海

国际法上指，国家领海以外的海域通称为公海。《联合国海洋公约》给公海下的定义是：公海是不包括在国家的专属经济区、领海或内水或群岛水域内的全部海域。按照公认的国际法原则，公海是所有国家共同拥有的财富，对所有国家自由开放，平等使用。它不属于任何国家领土的组成部分，因而主权不单独归任何一个国家属有，任何国家不得将公海的任何部分据为己有，且不能行使公海管辖权。

随着社会和技术的不断发展，人类对海洋的利用活动越来越频繁，公海自由也有了发展。1958年《公海公约》规定，公海自由包括：航行自由，飞越自由，捕鱼自由，铺设海底电缆和管道自由。上述各项自由在传统法上被称为"公海四大自由"。1982年，《联合国海洋公约》为公海自由增加了两项新内容，即建造国际法所准许的人工岛屿和其他设施的自由以及科学研究的自由。在公海上航行的船舶各有其国籍，船舶悬挂某一国家的国旗即具有该国国籍。船旗国对具有其国籍的船舶，应行使有效的管辖和控制。为了使海上秩序维持稳定，每个国家有权对在公海上发生的海盗行为、贩运奴隶、未经许可的广播、非法贩运毒品等违反国际法的行为，进行干涉。

◎专属经济区

在第三次联合国海洋法会议上，确定了专属经济区这一项新的制度。专属经济区是指从测算领海基线量起200海里、在领海之外毗邻领海的一个区域。

从现实中来看，海洋大国或岛国更容易获得较大面积的专属经济区。如美国除本土东西两侧延伸的大陆架外，还在太平洋、大西洋上拥有夏威夷、关岛等属土，宣称是世界上拥有最大的专属经济区的国家；法国利用其在太平洋上的属岛，也宣布拥有极大的专属经济区；澳大利亚由于四面环海，注定其拥有较大的专属经济区。此外，只要是岛国，也都堪称是"海洋大国"。如位于南太平洋的岛国图瓦卢陆地面积只有26平方千米，但构成国土的200多个珊瑚岛散布在22万平方千米的海域内，其专属经济区超过90万平方千米，是国土面积的3.4万倍！

专属经济区所属国家所享有地权力包括：勘探、开发、使用、养护、管理海床和底土及其上覆水域自然资源的权利，对人工设施的建造使用、科研、环保等的权利。而其他国家享有航行、飞越自由等，但这种自由也要适当顾及沿海国的权利和义务，并应遵守沿海国按照《联合国海洋法公约》的规定和其他国际法规则所制定的法律和规章，一切"按章办事"。

任何一个国家在其专属经济区内，还享有行政管辖权、民事管辖权、刑事管辖权和国际法所赋予的其他权利的管辖。专属经济区既不属于公海，也不属于领海，而是自成一类的具有独立地位的海域。专属经济区本身不是自然存在权利，需要国家以某种形式宣布建立并说明其宽度。专属经济区从测算领海宽度的基线量起，不应超过200海里，也就是370.4千米。

到1995年为止，世界上共有112个沿海国确定了200海里区和专属经济区，其中专属经济区80余个，还有一些国家宣布了专属渔区。

知识窗

我国漫长的海岸线曲折复杂，近岸又有一系列岛屿，这种自然地理条件适于采用直线基线法。这在我国1958年的领海声明中和1992年颁布的《中华人民共和国领海及毗连区法》中都有明确表述，即："中国及其沿海岛屿的领海以连接大陆岸上和沿海岸外缘岛屿上各基点之间的各直线为基线。"从这条基线垂直向海外延伸12海里，这一段海域就是我国的领海。中国的领海面积约为37万平方千米。

领海是沿海国家领土的重要组成部分，是大陆和内水以外的一定宽度的带状水域。我国的领海宽度是12海里。这早在1958年我国政府关于领海的声明中，就有明确的规定。1992年颁布的《中华人民共和国领海及毗连区法》又一次明确了我国的领海宽度是12海里。

拓展思考

1. 如何判定一个国家的领海？
2. 什么是公海？

大陆岛、火山岛、珊瑚岛、冲积岛

Da Lu Dao、Huo Shan Dao、Shan Hu Dao、Chong Ji Dao

由于形成的原因的不同，海洋岛可分为大陆岛、火山岛、珊瑚岛和冲积岛。

◎大陆岛

什么是大陆岛？大陆岛其实最初也属于大陆，多分布在离大陆不远的海洋上。大陆岛的形成主要是陆地局部下沉或海洋水面普遍上升，下沉的陆地、地势较低的地方被海水淹没，高的地方仍露出水面。露出水面的那部分陆地，就成为海岛。我国的舟山群岛、台湾岛、海南岛以及沿海的一些小岛，都是这种类型的岛。还有一些大陆岛是历史上大陆在漂移过程中被甩下的小陆地，如新西兰、马达加斯加岛等。大陆岛也有大小之分，但世界上的大岛都是大陆岛，如格陵兰岛、伊里安岛、加里曼丹岛、马达加斯加岛，是世界上的四大岛。

在地貌上，大陆岛与大陆的特征十分相似。在我国的山东半岛和辽东半岛的丘陵海岸，地势不是特别高，所以附近的海岛海拔也不太高，面积也都不超过 30 平方米。而在山峰纵横的东南沿海，海岛不仅多，而且海岛的海拔、面积也较大，我国面积大于 100 平方千米的大岛几乎都分布在这里。在美丽广阔的大岛上，有平原、丘陵和山地，远望山峦叠起，近看悬崖陡壁，山峰直刺青天。如：海南岛的五指山山脉，海拔为 1867 米；台湾岛的台湾山脉，海拔在 3000 米～3500 米。

◎火山岛

由海底火山喷发物堆积而成的岛屿称为火山岛，海底火山熔岩不断堆积，直到厚度足够大，最终突出在海面上。火山岛按照其性质可分为两种类型，一种是大洋火山岛，它与大陆地质构造没有联系；另一种是大陆架或大陆坡海域的火山岛，它与大陆地质构造有联系，但又与大陆岛不同，它是介于大陆岛大洋岛之间的一个过渡类型。

火山岛大多分布在环太平洋地区，著名的火山岛群有阿留申群岛、夏威夷群岛等，其中，构成夏威夷群岛的熔岩堆，要足足高出大洋底

9700 米。

在我国火山岛并不多见，即使有，也主要分布在台湾岛周围；在渤海海峡、东海陆架边缘和南海陆坡阶地仅有零星的几个。台湾海峡中的澎湖列岛（花屿等几个岛屿除外）是以群岛形式存在的火山岛；台湾岛东部陆坡的绿岛、兰屿、龟山岛，北部的彭佳屿、棉花屿、花瓶屿，东海的钓鱼岛等岛屿，渤海海峡的大黑山岛，细纱中的高尖石岛等，都是孤立于海洋中的火山岛。它们都是第四纪火山喷发而成，形成这些火山岛的火山现在都已经停止喷浆。

火山所喷发出的熔岩一边堆积增高，一边从火山口宁静溢出，好像煮沸的米汤从锅里沸泻出来一样，使火山岛形成圆锥形的地形，被称为火山锥，它的顶部为大小、深浅、形状不同的火山口。火山喷发的地方大多都会形成地势崎岖的丘陵。我国的火山岛主要是玄武岩和安山岩火山喷发形成的。玄武岩浆黏度较稀，喷出地表后向外流淌，由此形成的火山岛的坡度较小，面积较大，高度较低，其表面是起伏不大的玄武岩台地，如澎湖列岛。安山岩属中性岩，岩浆黏度较稠，喷出地表后，流动较慢，并随温度的下降而迅速凝固，碎裂的岩块从火山口向四周滚落，形成地势高峻、坡度较大的火山岛，如绿岛和兰屿。如果火山喷发量大，次数多，时间长，火山岛的高度和面积也会随之增大。

经过多次复活喷发、崩塌，以及多年风化剥蚀形成，岛上岩石破碎并逐步土壤化，因而火山岛会出现动物和植物。因成岛时间、面积大小、物质组成和自然条件的差别，火山岛的自然条件也大不相同。澎湖列岛上土地瘠薄，常年吹着狂风，植被稀少，岛上景色单调。绿岛上地势高峻，气候宜人，树木花草漫山遍野，海上风光异彩纷呈。

◎珊瑚岛

珊瑚岛是海洋岛的一种，大多分布在热带海洋中，它的形成与大陆的构造、岩性、地质演化历史无关，因此，珊瑚岛和火山岛被人们合称为大洋岛。

珊瑚岛是由海洋中的珊瑚虫遗骸构成的岛屿，珊瑚虫死后，其身体中所含的胶质能把各自的骨骼结在一起，一层粘一层，天长日久就了礁石。珊瑚岛的外表覆盖着一层磨碎的珊瑚粉末——珊瑚砂和珊瑚泥。按其形态划分，可将珊瑚岛分为岸礁、堡礁和环礁三种类型。岸礁沿大陆或岛屿岸边生长发育，形状为长条，主要分布在南美的巴西海岸及西印度群岛；堡礁又称堤礁，是离岸距离较远的堤状礁体，与岸之间有泻湖分布，最为著名的就是澳大利亚东海岸外的大堡礁；环礁分布在大洋中，它的形状多样化，但最多的还是环状，主要分布在太平洋的中部和南部，而且多是群岛。

◎冲积岛

冲积岛也称冲击岛，它是陆地上的河流携带着泥沙流向海里，沉淀下来形成的海上陆地。陆地的河流流动速度比较快，带着上游冲刷下来的泥沙流到宽阔的海洋后，流速就会变得缓慢，泥沙就沉积在河口附近，久而久之越积越多，逐步形成高出水面的陆地，也就是冲积岛，它有"海中田园"的美称。

世界上许多河流入海处都会产生一些冲积岛，我国共有 400 多个冲积岛，地处我国长江口的崇明岛是世界上最大的河口冲积岛。我国第二大冲积岛是湖北枝江长江中的百里洲。冲积岛的地质构造与河口两岸的冲积平原相同。冲积岛地势低平，它的四周环绕着许多滩涂。

形成冲积岛的原因各不相同，我国长江口的沙岛是由于涨落潮流不一所致，形成暖流区，是泥沙不断堆积而形成的。珠江口沙岛成因不一，有的是因河心滩发育而成；有的是由于河流中油岩岩阻挡产生河汊，在河汊流速较慢的一侧泥沙沉积而成沙垣，再逐渐形成沙岛；有的由河口沙嘴发育而成，最典型的是台湾岛浊水溪三角洲外的一系列沙岛；还有一种是由波浪侵蚀沙泥海岸，从海岸分离出小块陆地，也成了冲积岛，不过这种冲积岛并不多见。

冲积岛主要由泥沙形成，因此它的结构比较松散，性质不稳定。如果周围的水流条件发生改变，岛的面积就会随之涨大或缩小，形态也会发生变化。河口地区的冲积岛，每逢遇到强潮倒灌或洪水倾泻，强烈的冲蚀会使岛四周形态发生改变。大多数情况下，在冲积岛屿河流和潮流平行的两边，总是一边经受侵蚀，一边逐渐淤积，日积月累，便形成长条形岛屿；有的冲积岛会冲蚀消失；有的岛屿则会不断成长，最终与陆地形成一体。

冲积岛的地貌形态比较简单，地势平坦，海拔只有几米，有些有绿茵覆盖，有些则是满目黄沙。在土壤化较好的冲积岛上，也可以种些林木、绿草或庄稼来保护岛屿。

中国珊瑚岛位于甘泉岛东北2海里处，是中国固有领土，岛形略方，近椭圆。面积0.31平方千米。清宣统元年（1909）李准巡海时发现此岛珊瑚极多，命名珊瑚岛。中国渔民向称老粗岛、老粗峙。该岛在永乐环礁西北侧，濒临南海主航道。长约900米，宽约450米，最高处约9.1米。岛南有水湾，岛东有旧码头。岛四周沙滩上灌木较多，鸟粪层也多，为永乐群岛最丰磷矿岛之一。鸟粪层的存在表示昔日这里林木众多。岛上还有人工种植的木麻黄、椰树等，中部有水井一口，在椰树旁，水甘清可饮，而西部井水受鸟粪污染，有臭味，不能饮用。

该岛最早由中国人开发，今天在岛上各处均有清代瓷器发现，且多日常用器，如青釉瓷碗、杯等。建筑物有小店一间，在岛西南端，是1934年珠海潭门渔民们建立，内有石神像一具。

该岛由于地理位置良好，又有井水，1938年被法国人侵占，其后，又被日本攻占。1947年1月，法国海军部队又在该岛登陆，经中国抗议才撤走。1956年4月，越南又侵占该岛，直到1974年1月，中国才夺回该岛。

目前岛上有气象台、航道码头等，本岛的地理位置、水道和井泉均为全永乐群岛最好的，水域水产也很丰富。现在，珊瑚岛至少有30名解放军官兵驻守。

拓展思考

1. 你知道几个火山岛？
2. 我国有哪些冲积岛？

大陆边缘

Da Lu Bian Yuan

在海洋的底部，有险峻的高山和峡谷，也有广阔的平原和盆地，就像陆地一样连绵起伏。从地质学角度讲，海洋边缘的浅海区域，是被海水淹没的大陆，称作大陆边缘，它是厚而轻的陆壳与薄而重的洋壳之间的过渡地带。大陆边缘主要包括大陆架、大陆坡和大陆隆三个地貌类型。

◎大陆架

大陆架就是环绕陆地的浅海地带，大陆架经常被看作是陆地的一部分。又称为陆棚或大陆浅滩。大陆架的概念有自然的大陆架和法律上的大陆架之分，两者的含义有关联而又不同。

1. 自然的大陆架

自然的大陆架其领域自海岸线（一般取低潮线）起，向海一侧延伸，直到海底坡度显著增加的大陆波折处为止。陆架波折处的深度约在20米～550米之间，平均深度为130米，有人把200米等深线作为陆架下限。大陆架平均坡度为0°～0.7°，宽度差别较大，在数千米至1500千米间。全球大陆架总面积为2710万平方千米，约占海洋总面积的7.5%。陆架地形大多都较平坦，但偶尔也会出现小的丘陵、盆地和沟谷。除了上面部分基岩露出来，大部分地区都被泥沙等沉积物覆盖。大陆架是大陆的自然延伸，起先是海岸平原，后来因为海面上升而沉于水下，变成一片浅海。

大陆架的形成大多是因为地壳运动或海湾冲刷。地壳的升降运动使陆地下沉，淹没在水中，形成大陆架；海水冲击海岸，产生海蚀平台，淹没在水中，也会形成大陆架。大陆架多分布在太平洋西岸、大西洋北部两岸、北冰洋边缘等。如果将大陆架海域的水抽干，使大陆架变成陆地，那么大陆架的面貌与大陆基本没什么区别。在大陆架上，有流入海洋的河流冲积而成的三角洲。在大陆架海域中，到处都能发现陆地的影子。泥炭层是大陆架上曾经生长植物的一个印证。泥炭层是指由泥炭形成的堆积层，

49

它含有尚未完全腐烂的植物枝叶，其中有机物的含量极为丰富。黑色或灰黑色泥炭会像燃料一样熊熊燃烧。在大陆架上还会时不时地看到贝壳层，许多被压碎的贝壳堆积在一起，形成不同厚度的堆积层。大陆架上堆积的沉积物，大多都是陆地上的河流带来的泥沙，很少有海洋的成分。除了泥沙，奔腾不息的河流就像传送带，把陆地上的有机物源源不断地输送到大陆架。大陆架由于得到陆地上丰富的营养物质的供应，已变得十分富饶，这里盛产鱼虾，还有丰富的石油天然气储备。大陆架并不是固定不变的，随着地球的地质演变，它也会慢慢地发生改变。

2. 法律上的大陆架

因为大陆架有着丰富的资源，所以一直以来对大陆架的划分和拥有权都是颇具争议的话题。为此，《联合国海洋法公约》中规定，沿海国的大陆架包括陆地领土的全部自然延伸，其范围扩展到大陆边缘的海底区域，如果从测算领海宽度的基线（领海基线）起，自然的大陆架宽度不足200海里，通常可扩展到200海里，或扩展至2500米水深处（二者取小）；如果自然的大陆架宽度超过200海里而不足350海里，则自然的大陆架与法律上的大陆架重合；自然的大陆架超过350海里，法律的大陆架最多扩展到350海里。大陆架上的自然资源主权归沿海国所有，但在相邻和相对的沿海国之间，具体如何划分仍存在一些问题。

◎大陆坡

大陆架下面的部分，坡度显著增加，深度也明显加大，直到2000米～3000米的深度，这个较陡的斜坡，就是大陆坡。它仿佛是一个盆子的周壁，又像是一条长长的带子缠绕在大洋底的周围。它是大陆架伸向海洋的过渡地带，宽度大约在20千米～100千米，总面积和大陆架相差无几。大陆架与大陆坡合在一起被称为大陆边缘。

根据上面的介绍我们可以知道，陆坡是轻而浮起的大陆和重而深陷的洋底之间的接触过渡地带。

随着大陆慢慢裂开后，其间会形成狭窄的小海洋。根据地壳均衡原理，新生洋壳的高度要比两侧大陆低，这样来看，必然会在大陆与新洋底之间形成陡峭的新生陆坡。大西洋型大陆边缘的陆坡，曾经就是中生代以来联合古陆破裂形成的地块边壁，此后在海底扩张、大陆漂开和边缘下沉的过程中，由于长期侵蚀逐渐塑造而成。生成不久，还没有被外力作用强烈改造的陆坡，沉积盖层微薄，构造地形与火山地形非常显著，坡度较陡。发育成熟的大西洋型陆坡，不规则的原始地形覆盖了厚厚的沉积层，坡度下降。在太平洋型大陆边缘，陆坡的发育与板块的俯冲或仰冲作用有关，陆坡下部可有俯冲刮削作用形成的增生混杂岩体，褶皱、断裂明显，地形复杂多样。

如果按照地形的不同特点来区分，大陆坡有两种：一种是地形较为单一、坡度较为均衡，像北大西洋沿北美、欧洲及巴伦支海等地的大陆坡。这类大陆坡上半部是个陡壁，岩石裸露缺乏沉积物，向下大约 2000 米深处，大陆坡的坡度突然缓和起来，深度逐渐增加，成为一个上凹形的山麓地带。在大陆坡的斜面上，有一组平行的"海底峡谷"，把大陆坡分为两半。

另一种大陆坡地形复杂，坡面凹凸不平，主要分布于太平洋。南海的大陆坡就是这种类型，坡面呈阶梯形，是一些棱角状的顶平壁陡的高地，与一些封闭的平底凹地交替着分布。平顶高地上有一些粗大的砾石岩屑，而平底凹地里堆积着一些沙子、石块和软泥。这类大陆坡上的海底峡谷谷底也呈阶梯型。除了以上两种类型外，大河河口外围的大陆坡，坡度较为平坦，整个斜坡堆满了河流带来的泥沙。

由于经常有河流经过，再加上海洋的作用，陆坡沉积物所含的有机物较为丰富，如果陆坡上有很厚的沉积层，通常具有良好的油气远景。陆坡区还有人类尚未开发的锰结核、磷灰石、海绿石等矿产。在陆坡一些上升流区，会形成自然的渔场。

◎大陆基

大陆基是大西洋型大陆边缘，也被称作大陆隆或陆基，是大陆坡坡麓附近各种碎屑堆积物的联合体总称。它一部分堆积在大陆坡上，另一部分覆盖着大洋底，通常分布在水深 2000 米～5000 米的地方，面积约为 2000 万平方千米，占海洋总面积 5.55%，在无海沟分布的海区陆基发育较好。大陆基的坡度约为 1∶100～1∶700，一般是上部较陡，下部较缓。除了被海底峡谷切开之处及少数海山外，地形大多较为平坦。浊流沿海底峡谷将大量陆源沉积物输送到陆隆地带，大陆基上还有滑塌沉积、等深流沉积、半远洋沉积等。大陆基的主要沉积物是黏土及砂砾，其中以中粉砂为代表。现代大陆基一般沉积速率约 4 厘米～10 厘米/千年。大陆基主要分布于大西洋、印度洋、北冰洋和南极洲的大部分周缘地带，也有少量分布在西太平洋边缘海盆地陆侧，如南海海盆的部分边缘。大陆基宽度不等，约 100 至数百千米，有的宽度已超过 1000 千米。

◎海沟

海沟是太平洋型大陆边缘，沿着岛弧和大陆海岸山脉外侧延伸分布的狭长深海洼地就是海沟。海沟大多数是弧形和直线形，分布在大洋边缘，与岛弧或大陆相邻。海沟是一种颇为壮观的海底地貌，长度在数百至5900 千米，宽为 40 千米～120 千米，水深多为 6000 米～11000 米。马里亚纳海沟深达 11521 米，为世界上最深的海沟，有人曾比喻说，把珠穆朗玛峰放进去，也不会露出水面。

绝大部分海沟呈不对称的 "V" 字形横剖面，洋侧坡（又称外壁）较缓，陆侧坡（又称内壁）较陡；沟坡上部较缓，下部较陡。平均坡度5°～7°，但也有例外，汤加海沟有的沟坡达 45°。海沟斜坡地形十分复杂，切割较为强烈，有很多峡谷、台阶、堤坝和洼地等。沟底可被沉积物充填成相对较窄的平底，沉积物多属红黏土、硅质沉积，也有来自相邻大陆或岛弧的浊流沉积、滑塌沉积。厚度通常在 1 千米以下。海沟与洋盆之间，经常有随着海沟走向延伸的宽缓海底高地，高出洋盆底部200 米～500 米，称为外缘隆起。海沟始终与板块俯冲的倾斜震源带伴生。板块的俯冲带动洋底下倾、陷落，从而地球上最低的地方——海沟就形成了。

◎大陆边缘的类型

按照地形及构造特征，可分为以下几种：①被动大陆边缘，也称大西洋型大陆边缘、稳定大陆边缘、离散大陆边缘和拖曳大陆边缘等。由陆架、陆坡和陆隆组成。地形平坦宽阔，无海沟发育。它位于板块内部，构造上相对稳定。主要分布于大西洋周缘，印度洋北、西部和东南部边缘，北冰洋及南极洲周缘。②活动大陆边缘，又称主动大陆边缘、太平洋型大陆边缘和汇聚大陆边缘等。其陆架狭窄，坡度较大，陆隆为深邃的海沟取代。地形复杂，凹凸不平，是漂移大陆的前缘，属板块俯冲边界。地震、火山的发生较为频繁，构造运动强烈。主要分布于太平洋周缘及印度洋东北缘。③转换型大陆边缘，也称剪切型大陆边缘，它的形成与沿转换断层的走向滑动有关。可以是活动的，以浅源地震为典型标志，常构成海脊与盆地间列的大陆边缘，如加利福尼亚湾沿岸。也可以是被动的，其陆架狭窄，如几内亚湾北缘。大陆边缘，特别是被动大陆边缘，是地球上最重要的沉积物集聚区，沉积量占海洋沉积物总量的 50% 还要多，含有丰富的油气等矿产资源，具有良好的勘探前景。

▶ 知 识 窗

世界上最深的海沟是太平洋的马里亚纳海沟。

马里亚纳海沟位于太平洋的西部,是太平洋西部洋底一系列海沟的一部分。它位于亚洲板块和太平洋板块之间,北起硫黄列岛、西南至雅浦岛附近。其北有阿留申、千岛、日本、小笠原等海沟,南有新不列颠和新赫布里底等海沟。全长2550千米,为弧形,平均宽70千米,大部分水深在8000米以上。最大水深在查林杰海渊,为11034米(各年测得深度不同),是地球的最深点。

马里亚纳海沟的最深处叫查林杰海渊,它的名字是为了纪念发现它的英国"查林杰8号"船而得名的:1951年查林杰8号探测出的深度为10836米,1957年苏联的Vityaz号船利用声波反射装置测量的深度为11034米,1960年美国的载人潜水器"的里亚斯特号"成功地到达查林杰海渊的海底,利用铅锤测量得到的深度为10912米,1984年日本的卓阳号船测出的深度为10924米,1995年3月日本的海沟号潜水器测得的深度为10911.4米。

| 拓展思考 |

1. 你能简单明了的解释大陆边缘吗?
2. 大陆边缘有哪几种类型?

大洋盆地、大洋中脊

Da Yang Pen Di、Da Yang Zhong Ji

海洋深处并不像海面那样善变，一会儿风平浪静，一会儿波涛汹涌。海底的变化漫长而深刻。在海洋的底部有许多低平的地带，周围是相对较高的海底山脉，这种类似陆地上盆地的构造称为大洋盆地，简称为海盆或者洋盆。它是构成大洋底的主要部分，深度一般在 2500 米～6000 米。

◎形成原因

从目前的科学技术来看，深海钻探技术已提高许多，通过深海钻探可以了解到海底沉积物的类型和变化。根据实际钻探的结果显示，世界各大洋洋底的地壳都很年轻，一般不超过 1.6 亿年。我们知道，海洋的年龄距今已有 18 亿年。地球上的海洋年龄如此之大，为什么大洋洋盆的盆底这么年轻呢？这个问题一直是人们心中的一个疑惑，直到大陆漂移说再次盛行。大陆漂移说的创始人魏格纳说："2 亿年前曾经存在一块联在一起的古大陆，在古大陆的周围存在着一个泛大洋，后来古大陆分裂成几个大碎块，并且各自漂移到现在地球上大陆的位置。如今的太平洋比古代的泛大洋已经缩小了很多。"通过科学家的解释我们明白，大洋的盆底从中间裂开，裂开处涌出大量炙热的岩浆，遇到冰冷的海水后立即凝固形成岩石。裂口处不断涌出岩浆，将新的地层把先前生成的岩石地层向周围挤压推移，经过上亿年的演变，就形成了现在这种海底年龄周边岩石的年龄最大，而洋底岩石的年龄最小的情况。其实，这个地壳演变过程从地球诞生起就一直没有停止过。在漫长的地质年代里，那些塌陷的部分逐渐形成了我们现在看到的大小不一的洋盆。

◎各洋盆的特点

太平洋洋盆是地球上最大、最深的洋盆，分布于亚洲、大洋洲、南极洲和美洲之间。包括属海的面积为 18134.4 万平方千米，不包括属海的面积为 16624.1 万平方千米，约占地球总面积的 1/3。从南极大陆海岸延伸至白令海峡，跨越纬度 135°，南北最宽达 15500 千米。它是印度洋和大西洋面积的总和。

大西洋洋盆是世界第二大洋盆，也是世界上最长的洋盆，分布于欧洲、非洲和美洲之间，南连南极洲，北接北冰洋，形状细长，呈 S 形弯曲。

印度洋洋盆是世界上最为复杂的，分布于亚洲、非洲、大洋洲和南极洲之间，形状扁平，东西长、南北短，大部分位于赤道周围。

北冰洋洋盆分布于欧亚大陆和北美大陆之间，基本上以北极为中心。北冰洋的洋盆基本都呈椭圆形。

◎大洋中脊

人有脊梁，船有龙骨。这是因为有了它们，人才能立于天地之间，船才能行于大海之上。可你知道吗？海洋也有脊梁，大洋中脊就是它的脊梁。

大洋中脊又称中洋脊、中隆或中央海岭，是海底狭长绵亘的高地，纵贯太平洋、印度洋、大西洋和北冰洋，彼此相连，长达 8 万千米。在板块构造模式中，大洋中脊顶部标出了海底扩张轴线，属分离型板块边界。它既是巨大的海底地形单元，也是最重要的海底构造部分。

◎大洋中脊的发现

在 19 世纪 70 年代，英国"挑战者"号调查船驶入海洋，进行环球考察。驶到北大西洋中部时，发现有一条巨型海底山系。但直到 1925 年～1927 年间，通过法国"流星号"调查船的回声测探仪，对大西洋水深进行了详细的测量，证实了整个大西洋底纵列着一条长达 17000 千米的大洋中脊。1956 年，美国学者进一步指出，其实世界各大洋底部都存在有大洋中脊。

◎大洋中脊的分布

大洋中脊分布在大西洋中间，走向与大西洋东西两岸大体平行，呈 S 形纵贯南北。由于这条巨大山脉像大西洋的脊梁，因而取名为大西洋中脊。自北极圈附近的冰岛开始，曲折蜿蜒直到南纬 40°，长达 1.7 万千米，宽约 1500 千米～2000 千米不等，约占大西洋的 1/3。

印度洋的洋脊大多也都居中，有 3 条分支，呈入字形展布，通称印度洋中脊。这三条分支分别称为：中央印度洋海岭、西南印度洋海岭和东南印度洋海岭。太平洋的洋脊则分布于东部，且两坡比较平缓，故称东太平洋海隆。三大洋洋脊北端伸进大陆或岛屿，南端则彼此紧密相连。大西洋中脊向北延伸，穿过冰岛，与北冰洋中脊交汇在一起。

◎大洋中脊的形态

西洋中脊的峰呈锯齿形，大洋中脊体系环球绵延数万千米，宽数百至数千千米。其总面积约占整个海洋面积的1/3，是陆地山脉的总和。大洋中脊高于两侧洋底，但高度各不相同，有的部分高出海底5000多米，平均高度为3000多米。各大洋中脊顶部的平均水深大多在2500米～2700米之间。局部露出水面成为岛屿，比如说冰岛。脊顶上覆盖的沉积物极薄或缺失，其地形凹凸不平。次一级的岭脊与谷地相间排列，并与中脊走向平行延伸。两侧大多是由海山群和深海丘陵组成。自脊顶向两缘地带，随着沉积层逐渐增厚，地形起伏也逐渐平缓，向下过渡为深海平原。纵向延伸的中央裂谷和横向断裂带（又称转换断层），是大洋中脊最典型的特征。大洋中脊轴部经常爆发地震和火山，故又称活动海岭。总体来说，大西洋中脊和印度洋中脊的地形比较崎岖，东太平洋海隆则较宽阔平坦。

◎大洋中脊的成因

关于大洋中脊的形成原因，人们常用海底扩张说和板块构造说来解释。这两种学说认为，中脊轴部是海底扩张的中心，热地幔物质沿脊轴不断上升形成新洋壳，故中脊顶部的热流值甚高，火山爆发频繁。中脊的隆起部分实际上是脊下物质经过热膨胀形成的。受地幔对流的影响，新洋壳自脊轴向两侧扩张推移。在扩张和冷却的过程中，软流圈顶部物质逐渐凝固，转化为岩石圈，致使岩石圈随远离脊顶而增厚。冷却凝固伴随着密度增大、体积缩小，洋底岩石圈在扩张增厚的过程中逐渐下沉，从而就形成特点为轴部高、两侧低的巨大海底山系。

▶ 知识窗

·大洋中脊因何得名？·

1873年，"挑战者"号船上的科学家在大西洋上进行海洋调查，用普通的侧深锤测量水深时，发现了一个奇怪的现象，大西洋中部的水深只有1000米左右，反而比大洋两侧浅的多。这出乎他们的预料。按照一般推理，越往大洋的中心部位，应该越深。为打消这个疑虑，他们又测了几个点，结果还是如此，他们把这个事实纪录在案。1925年—1927年间，德国"流星"号调查船利用回声测深仪，对大西洋水深又进行了详细的测量，并且绘出了海图，证实了大西洋中部有一条纵贯南北的山脉。这一发现，引起了当时人们的震惊，吸引了更多的科学家来此调查。不断的补充、丰富了对它的认识，大西洋中部的这条巨大山脉，像它的脊梁，因而取名叫"大西洋中脊"。

| 拓展思考 |

1. 大洋中脊是如何形成的？
2. 谁发现了大洋中脊？

海底峡谷

Hai Di Xia Gu

如果有幸乘潜水器来到海底，你会发现从大陆架顺着大陆的斜坡散布着一道道裂谷，这就是海底峡谷，又称水下峡谷。峡谷蜿蜒弯曲，有支谷岔道，谷底向下倾斜，往往从浅海陆架或陆坡上部，一直延伸到水深达 2000 米以上的陆坡底部。它的规模比陆地上穿过山脉的山涧峡谷还要壮观。

◎海底峡谷概述

海底上的谷地和陆地上的峡谷是由多方面原因形成的，所以并不是每种海谷都能称为海底峡谷。海底峡谷的横剖面呈 V 形或 U 形。谷壁险峻且带有阶梯状陡坎，谷底有小盆地及高低不等的横脊，大多数峡谷蜿蜒带有分支，谷壁上有大量岩石显露，大多数峡谷都切割在花岗岩层或玄武岩层中，只有少数是直线形轮廓。

少数海底峡谷延伸至大陆架与河流相连接，它有河谷的特征。它的形成主要依靠构造因素与海底浊流的侵蚀作用。大陆坡的海底是地壳最活跃的地带，在形成大陆坡过程中有一系列阶梯状断裂及垂直大陆坡走向的纵向断裂构成海底峡谷的雏形，之后经过浊流及海底滑坡的修饰改造，就形成了现在的模样。

常有许多支谷汇入海底峡谷，使其呈树枝状，但也时有基岩露头。大多数谷壁高出谷底数百米以至上千米。海底峡谷长度最长的高达 320 千米以上，不过一般都小于 48 千米，延伸到大陆坡最陡部分的坡麓以外。有的海底峡谷宽度与深度相等。切割最深的海底峡谷——巴哈马峡谷，其谷壁高差达 4400 米，是陆上的大峡谷难以相比的。海底峡谷的谷底坡降比陆上峡谷为大，平均约为每千米 57 米。许多海底峡谷近岸谷首的坡度很大，有时达 45°。据潜水舱在一个海底峡谷中 2100 米以下深度观察：多见直立、甚至垂悬的谷壁；谷壁常有沟槽或磨光面，宛如被冰川所研磨；谷底常覆盖大砾石或其他粗粒沉积，局部地方基岩裸露；据遥控摄影，有些地方在 3 千米以下尚有波痕。

◎海底峡谷的类型

从物理特征来讲，海底峡谷分为以下 4 种类型。

1. 海底扇形谷

这种类型的峡谷谷口向外扩张，主要组成部分是海底沉积物。沉积多为扇面形，在许多情况下，这是海底峡谷谷底的延伸。扇形谷的另一特征是谷壁两侧陡峻，高度约为 200 米。

2. 陆架沟渠

这种类型的峡谷是一种穿过大陆架的较浅的谷地，它们的谷壁高度一般在 183 米以下，而且沟渠多分布在一些大陆架边缘的盆地处。事实上，这种陆架沟渠在海洋底部并不多见。其中，纽约市北郊的哈得逊沟渠、英吉利海峡中的赫德海沟、爱尔兰海中的圣乔治沟渠等是较为典型的陆架沟渠。

3. 冰蚀槽

这种类型的峡谷多在冰川侵蚀海岸外的大陆架上，其深度通常高于 183 米。冰蚀槽的底部有一些面积很小的盆地和一些分支。一般冰蚀槽宽度为 80 千米左右，深度在 500 米～600 米。最具代表性的冰蚀槽是劳伦琴冰蚀槽，它从圣劳伦斯湾开始，延伸 1000 多千米，交汇于萨格纳河外 241 千米的大陆架边缘处。

4. 深海峡

这种类型的峡谷多分布于深海底，其剖面形状似槽形，它们的走向有的与大陆边缘平行，有的与大陆边缘交叉。最为人们所熟知的深海峡谷，是从格陵兰西海岸外出发，一直延伸到格兰德滩尖端外的洋中海峡谷。这条深海峡谷比它周围海底的深度还要深 100 米，宽度只有 2.4 千米～6.4 千米。

◎海底峡谷的成因

长期以来，人们对海底峡谷的形成原因一直是众说纷纭，学术界提出了不同的假说，其中最具代表性的有以下几种。

最早的一种说法是，海底峡谷是海浪冲刷的结果。人们想象海浪有无比巨大的能量，对海底一定会产生巨大的冲刷作用，于是就形成了海底峡谷。这个观点一经提出，立刻遭到了很多科学的质疑。他们认为，海浪不可能对海底产生如此大的侵蚀作用。我们知道，虽然海上狂风怒吼，波浪滔天，但海洋底却是十分平静的。海浪对几百米之下的海底根本不会造成任何影响。

有些人认为，地震所引发的海啸侵蚀海底，从而形成了海底峡谷。但是，在没有受海啸袭击的地区也存在海底峡谷。再说，如此巨大的海底峡谷仅仅凭借海啸的冲击是无法形成的。可见，用海啸来解释海底峡谷的形成原因，这一说法是难以立足的。

还有一种假说，认为海底峡谷可能是由大陆架基底原始断裂不断演化而成的。虽然这一说法得到了很多学者的赞同，但它也仅仅是停留在推断上，没有足够的证据证明。

浊流侵蚀说是一种非常有代表性的说法。在 20 世纪 50 年代，荷兰海洋地质学家奎年，为了证明海底浊流具有强大的冲击力，用人工方法在水槽中做试验，模拟海底在清水底下流动的浊流，以证明自己的推断。1929 年，纽芬兰海岸外的海底电缆在一夜之间沿陆坡向下依次折断。1952 年，美国海洋地质学家通过研究发现，这次事件很有可能是强大的海底浊流所为。同时，他们还根据海底电缆依次折断的时间，计算出这股浊流在坡度最大处流速高达 28 米/秒，在到达 6000 米的深海平原时，其流速不低于 4 米/秒，这也成为浊流侵蚀说的证据之一。后来，在大陆架的外缘、在海底峡谷谷底，人们发现有向下游移的砂砾和流痕。这种现象说明，海底峡谷中曾有强大的浊流通过。可是浊流虽有较强的侵蚀能力，但毕竟海底峡谷的规模很大，单靠深海浊流，是否能切割出深达数百米乃至数千米的海底峡谷，是很令人怀疑的。尤其是许多谷壁都是坚硬的岩石，要在这样环境下形成峡谷，也确实不是件容易之事。总之，尽管浊流可能是形成海底峡谷的重要原因，但它一定不是唯一的原因。

被大多数所认可的一种说法，海底峡谷是大陆坡上的沉积层在地震作用下沿大陆斜坡滑动时产生的沉积流的结果。在冰川时代，海平面显著下降，大陆架成为大面积的浅水区。受风暴和浪潮的影响，浅水区的泥沙被海浪卷起，形成比重较大的沉积层。这种沉积层由于地震的强烈作用，像一股巨大的激流，从大陆架流出，沿着大陆坡流到大洋底，而地壳繁发的地带又多在大陆坡，地壳的断裂就形成了海底峡谷的雏形。强大的海底沉积流顺着海底裂缝滑动，经过岁月的流逝与历史的演变，就形成了今天的海底峡谷。

青少年应该知道的地理百科知识

◎海谷

　　在大洋深处，除了海底峡谷，还有其他一些海底谷。在大型三角洲前缘，有许多横剖面呈 U 形，谷身平直，分支稀少的谷地，称为三角洲前缘槽，其形成原因与海底峡谷相似。海底扇上的扇谷，也称深海谷，其深度一般较小，谷底相对平坦，谷壁缺乏基岩露头，通常是海底峡谷或三角洲前缘槽的向海延续。

　　有些深海谷可向上延展，走向通常平行于海岸线，例如由巴芬湾向南延伸至北美海盆的中大西洋深海谷。大陆坡上还有一些微微弯曲，支谷较少的浅小海谷，叫坡沟，它主要是由块体滑塌而形成。断裂下陷会形成一些槽形谷，特征为谷壁平直、底部宽阔。

▶知识窗 ⸺⸺⸺⸺⸺⸺⸺⸺⸺⸺⸺⸺⸺⸺⸺⸺⸺⸺⸺⸺⸺⸺

　　海底峡谷的头部多延伸至陆坡上部或陆架上，有的甚至直逼海岸线，峡谷头部的平均水深约 100 米。多数峡谷可延伸至大陆坡麓部。其末端水深多在 2000 米左右，深者可达 3000 米～4000 米。峡谷口外通常是缓斜的海底扇，在海底扇区，峡谷被带有天然堤的扇谷所取代。海底峡谷的水深自头部向海变深。其纵剖面大多呈上凹形或出现数个转折裂点，也有呈上凸形或比较平直者，长大峡谷的坡度较缓。世界上著名的哈得孙峡谷，它从哈得孙河口开始一直延伸进入大西洋。世界上最长的海底峡谷为白令峡谷，长 400 多千米。海底峡谷两壁高陡，一般坡度约 40°，有的谷壁状若悬崖。

　　切割最深的海底峡谷——巴哈马峡谷，其谷壁高差达 4400 米，是陆上的大峡谷难以相比的。海底峡谷谷壁有许多不同时代的基岩露头。谷底沉积物有泥、粉砂、砂以至砾石等。来自浅水的具递变层理的砂和粉砂层常与深海的泥质沉积物交错出现，有时也有滑塌沉积物穿插其间。

　　全世界所有的大陆坡几乎都有海底峡谷分布，但在倾角小于 1° 的平缓陆坡，以及有大陆边缘地、海台或堡礁与陆架隔开的陆坡上，海底峡谷比较罕见。有些海底峡谷与陆上河谷（或古河谷）相邻接，但也有不少海底峡谷，尚未发现与陆上河谷有任何联系。

▍拓展思考 ▍

　　1. 海底峡谷有什么特征？

　　2. 海底峡谷有几种类型？

海洋地壳

Hai Yang Di Qiao

地 壳是指由岩石组成的固体外壳，是地球固体圈层的最外层，海洋地壳约占地球表面的 2/3。

◎海洋地壳的形成

板块学说认为，海洋地壳是在中洋脊处产生的。由地函冒上来的炽热岩浆与海水接触，会迅速在海床上凝结成枕状玄武岩。薄层的玄武岩形成了最新的海洋地壳。当新的地壳在中洋脊处形成，它会把早期形成的地壳推向两侧，从而海洋地壳得以持续扩张。被推开的地壳逐渐冷却、增厚，因而，海洋里离中洋脊越远的地壳，其厚度和年龄就越大。

海洋地壳形成以后，跟随板块的移动离开中洋脊，海洋沉积物开始堆积，除了经由大气、海水流动带来的陆上沉积物，还有大量来自海中的生物沉积物，不过沉积物的厚度十分有限。海洋地壳与大陆靠近时，陆源沉积物就会越来越多。

据人们目前的了解，地球表面上海洋地壳的年龄最老的也不过 200 万年，这是因为海洋地壳在海沟的地方又隐回地球内部了。环太平洋带的许多海沟扮演着海洋地壳生命终结者的角色，海洋地壳在这里完成其生命过程。

◎海洋地壳的形态

海洋地壳是岩石圈的组成部分，主要由密度较大的硅镁质岩石构成，偏向基性，与大陆地壳相比，硅酸盐成分较少，密度较大，平均密度约 3 克/厘米，大陆地壳为 2.7 克/厘米。由于密度较大，根据地壳均衡学说，海洋地壳无法像大陆地壳那样在地幔上浮得很高。

海洋地壳主要组成物质是玄武岩，海洋地壳的厚度约在 5 千米～10 千米之间。在中洋脊由深部岩浆加进来，所产生的是为海洋板块，在浅部都是玄武岩，深处则是辉长岩。

在海洋地壳上，要属太平洋海板块最大，其他的均是一些较小的板块。

根据海底扩张学说，海洋板块会以每年 2 厘米的速度向外部扩张，直到与大陆板块边缘相交，由于海洋板块较重，会隐没到大陆板块之下，产生聚合板块边缘。聚合板块边缘由于两种不同性质的板块碰撞，会不断地挤压，不断地累积变形能量，直到超过岩石所能承受的极限，就会将累积的能量在瞬间爆发出来，形成地震。这种巨大的碰撞力量，使聚合板块边缘产生许多浅至深的、逆冲断层（挤压作用）式的大地震。海洋板块沿着隐没带，俯冲下插到大陆板块之下约 700 千米，才会与周围的物质同化，因此，最深的地震可发生在 700 千米处。

知 识 窗

　　海洋板块在挤压过程中，会推动大陆板块移动，产生"大陆漂移"，目前世界五大洲分布，是由二亿年前一大块"盘古"大陆张裂开来的。聚合板块边缘由于两种不同性质的板块碰撞，不断地在挤压，不断地在累积变形能量，直到超过岩石能够忍受的程度，遂将累积之变形能量在瞬间释放出来，发生地震。这种巨大的碰撞力量，使聚合板块边缘产生许多浅至深的、逆冲断层（挤压作用）式的大地震。海洋板块沿着隐没带，俯冲下插到大陆板块之下约 700 千米，才会与周遭物质同化，因此最深的地震也可到达 700 千米。

拓展思考

1. 海洋地壳是怎么形成的？
2. 简单说一下海洋地壳的形态。

潮 汐

Chao Xi

月有阴晴圆缺，海有涨潮落潮，海洋中的海水每天都按时涨落起伏变化。在古时候，人们把白天的涨落称为"潮"，夜间的涨落叫作"汐"，合起来就叫"潮汐"。潮汐是海洋中常见的自然现象之一。潮汐现象使海面有规律的起伏，就像人们呼吸一样，所以潮汐又被称为是大海的呼吸。当海水涨潮时，只见那潮流像骏马一般，从大海的远处奔腾而来，转眼间水满湾畔，惊涛拍岸，发出雷鸣般的轰鸣，飞沫四溅，一股海腥味儿扑鼻而来。而在海水退潮时，也别有一番景致。只见海水渐次回落，转瞬间，被海水覆盖的金黄色沙滩、奇形怪状的礁石，就会呈现在人们眼前。

◎潮汐形成原理

潮水为什么会不停地回旋，是什么力量促使海水发生如此规律性的升降、涨落？这种现象曾引起了古人的思考，不知究竟是什么原因造成的。后来细心的人们发现，潮汐每天都要推迟一会儿，而这一时间和月亮每天推迟的时间是一样的，因此就想到潮汐和月球有着必然的联系。我国古代地理著作《山海经》中已提到潮汐与月球的关系，东汉时期的哲学家王充在《论衡》中明确指出："涛之起也，随月升衰"。但是直到牛顿提出万有引力定律，法国天文学家拉普拉斯才从数学上证明潮汐现象是海水受太阳和月亮（主要是月亮）的引力作用而形成的。

根据万有引力定律可知，世界上任何两个物体都是相互吸引的。引力的大小与两物体的质量乘积成正比，与它们之间的距离的平方成反比。两个物体的质量越大，彼此的引力就越大；两个物体间距离越远，则引力越小。众所周知，地球绕太阳公转1圈是1年，月亮绕地球公转1圈是1个月。以地球——月亮为例，它们之间彼此都有吸引力，如果它们保持都静止不动，就会发生碰撞。但是因为它们在不停地转动，又会产生与引力方向相反的离心力，而且两个力的大小相等，因此处于平衡状态。可是，地球表面每个质点受月亮的引力，大小并不一样；有的地方，引力大于离心力；有的地方小于离心力，它们的两个力之间的差值，就是引起潮汐现象

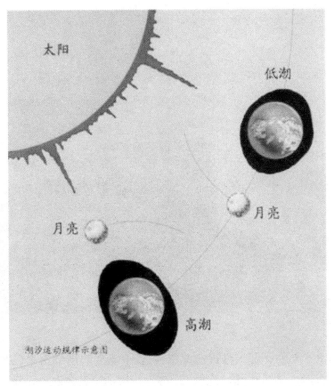

※ 潮汐示意图

的引潮力。

　　在地球上，各个地方的引潮力，会随着地球、月亮之间的距离远近而变化，加上地球也不停地自转，随时都在变化着。因此，各个地方在不同时间，会发生大小各不相同的潮汐现象。

　　太阳的引潮力虽然不大，不及月球的 1/2，但也能够影响潮汐的大小。有时它和月球形成合力，相辅相成；有时是斥力，相互牵制抵消。在新月或满月时，太阳和月球在同一方向或正相反方向施加引力，产生高潮；但在上弦或下弦时，月球和太阳的引力相互对抗，产生低潮。其周期约半月。从一年看来，也同样有高低潮两次。春分和秋分时，如果地球、月球和太阳几乎在同一平面上，这时引潮力是最大的，造成一年中出现两次最高潮汐期。

◎世界名潮

　　我国的钱塘潮被公认为"世界第一大涌潮"，也称钱江潮、海宁潮，

※ 海宁潮

潮头高达 8 米左右，潮头推进速度每秒近 10 米。钱塘潮由来已久，它始于唐，盛于宋，以其潮高、多变、凶猛、惊险而享誉海内外，钱塘潮一日两次，昼夜间隔 12 小时，一年有 120 多个观潮日，故海宁有"天天可观潮，月月有大潮"一说。

在世界许多河口处都会发生涌潮现象，如巴西的亚马逊河、北美的科罗拉多河、法国的塞纳尔河、英国的塞汶河等，但钱塘江涌潮的强度和壮观，除亚马逊河外，其他河流均无法与之相媲美。亚马逊河的涌潮强度与钱塘江虽然有得一比，但钱塘江河口江道摆动频繁，涌潮潮景形态多样。因此钱塘潮可说是首屈一指，无可比拟。

钱塘潮为什么如此凶猛、惊险呢？喇叭形的河口是主要原因之一。杭州湾外的江面宽度约 100 千米，离岸越远的地方越窄，到距湾口 90 千米的钱塘江口的海盐澉浦时，宽度只有 20 千米，而杭州市区的河宽有约 1000 米右。当大量潮水涌入狭窄的河道时，水面就会迅速地增高。又因为此处的河底堆积着大量泥沙形成沙坎，进入湾口的潮波遇到沙坎，水深减小，阻力增大，前坡变陡，后坡相应变缓。当前坡陡到一定程度后，前锋水面明显涌起，像一道高速推进的直立水墙，实为天下奇观。

不过，世界上有许多江河的河口，都具有外大内窄、外深内浅的特点，为什么这些地方的潮汐不如钱塘江大潮那样汹涌呢？原来高潮的出现与河水流动的速度有着紧密的联系，当潮水涌来时，它与河水流动的方向恰好相反。在每年的中秋节前后，钱塘江河口的河水流速与潮水流速几乎相等，当力量相等的河水与潮水相互碰撞时，就会激起巨大的潮头。另外，在浙北沿海一带，夏秋之交经常有东南风或东风，风向与潮水方向基本一致，从而也会助长它的气势。总之，钱塘潮的形成是受天文和地理多方面因素的影响。

钱塘潮魅力非凡，白天有波澜壮阔的气势，晚上有温柔和缓的姿势。看潮是一种乐趣，听潮是一种遐想，难怪有人说"钱塘郭里看潮人，直到白头看不足。"

知 识 窗

·钱塘潮是怎样形成的？·

钱塘江大潮是天体引力和地球自转的离心作用，加上杭州湾喇叭口的特殊地形所造成的特大涌潮。每年农历 8 月 18 日，钱江涌潮最大，潮头可达数米。海潮来时，声如雷鸣，排山倒海，犹如万马奔腾，蔚为壮观。观潮始于汉魏，盛于唐宋，历经 2000 余年，已成为当地的习俗。

南宋每年农历 8 月 18 日在钱塘江上检阅水军，以后演习成节。除农历 8 月 18 日前后 3 天观潮节外，农历每月初与月中皆有大潮可观，并可作一潮三看"追潮游"。在中秋佳节前后，八方宾客蜂拥而至，争睹钱江潮的奇观，盛况空前。距杭州 50 千米的海宁盐官镇是观潮最佳处。

古时杭州观潮，以凤凰山、江干一带为最佳处。因地理位置的变迁，从明代起以海宁盐官为观潮第一胜地，故亦称"海宁观潮"。"钱江秋涛"闻名国内外，早在唐宋就已盛行。观潮之日，尤其农历 8 月 18 日前后几天，路上车如水流，人如潮涌。远眺钱塘江出海的喇叭口，潮汐形成汹涌的浪涛，犹如万马奔腾，遇到澉浦附近河床沙坎受阻，潮浪掀起 3 米～5 米高，潮差竟达 9 米～10 米，确有"滔天浊浪排空来，翻江倒海山可摧"之势。不同的地段，可赏到不同的潮景：塔旁观"一线潮"，八堡看"汇合潮"，老盐仓可赏"回头潮"。钱江观潮位于杭州东北 45 千米海宁盐官镇。

拓展思考

1. 潮汐的形成与什么有关？
2. 你知道哪些世界名潮？

波浪的形成

Bo Lang De Xing Cheng

海洋上的波浪，其壮丽的造型美不胜收。它时而隆起，时而翻滚，时而拍打着海岸……可谓是海上的一大奇景。

◎海上波浪的形成

波浪是如何形成的？在自然界，海水受风的作用和气压变化等影响，促使它难以维持原有的平衡状态，而发生向上、向下、向前和向后方向运动，便形成了海上的波浪。波浪起伏活动具有规律性、周期性。当波浪向岸边涌进时，由于海水越来越浅，下层水的上下运动受到了阻碍，受物体惯性的作用，海水的波浪一浪叠一浪，越涌越多，一浪高过一浪。与此同时，随着水深的变浅，下层水的运动受到的阻力越来越大，最后它的运动速度慢于上层的运动速度，受惯性的影响，波浪最高处向前倾倒，拍打在礁石或海岸上，便会溅起碎玉般的浪花。

※ 波浪

海浪根据其所带来的后果，大概可分为破坏性及建设性两种类型。

先来说说破坏性海浪。这种类型的波浪通常与高能量的环境和陡斜的海岸带有关。岩石嶙峋的海岸线通常会因暴露于巨浪及高潮而遭受侵蚀。

在沙滩上，破坏性海浪通常会带来严重的后果，它会使沙滩退减。因为回流（向海）比冲流（向陆）要有力得多，会将更多的物质带回海中。

建设性海浪即"崩顶"或"激散"碎波。与破坏性海浪相反的是，它会建成海滩，因为冲流在运送物质时比回流更有效。此种类型波浪的形成与平坦的海岸带和低能量的海岸密切相关。

值得一提的是，海岸地形不仅受地貌营力左右，还受地质情况影响，如岩石类别及地质构造。地质构造加上岩石不同的抗风化及侵蚀能力，使海岸出现不规则的形态，例如岬角、港湾、海蚀柱及海蚀拱，它们的特征较为突出。

◎波浪要素

波浪的基本要素有：波峰、波谷、波顶、波底、波高、波长、波陡、周期、波速等，统称为波浪要素。通常情况用它们来表示波浪的大小和形状。

波峰：指静水面以上的波浪部分。

波谷：指静水面以下的波浪部分。

波顶：指波峰的最高处。

波底：指波谷的最低处。

波高：指相邻的波峰和波谷间的垂直距离。

波长：指两个相邻波顶间的水平距离。

波陡：指波高与半个波长之比。

波浪周期：指两个相邻的波峰或波谷经过同一点所需要的时间。

波速：指在单位周期时间内波浪传播的距离，表示波浪移动的速变，等于波长与波浪周期之比值。

洋 流

Yang Liu

相信有很多人都见过海洋，即使没有亲眼看到，也都通过电视、电影有所了解。现在我们可以想象一下，站在海边，眺望远处海面，我们能感受到宁静；但看近处海岸，海水不断地冲刷着沙滩，或轻轻地拍打着岸边的礁石。从远处和近处的差别，能看出海水并不是那么平静，而是时刻都处在运动中，其中洋流是海水运动的主要方式之一。

◎洋流的形成

洋流也称海流，是海洋中以水平方向流动着的巨大水体，它具有一定的规律性与稳定性。洋流的形成原因有很多，主要是因为长期定向风的推动。世界各大洋的主要洋流分布与风带有着密切的关系，但洋流流动的方向和风向一致，在北半球向右偏，南半球向左偏。在热带、副热带地区，北半球的洋流基本上是围绕副热带高气压作顺时针方向流动，在南半球作逆时针方向流动。值得一提的是，由于每条洋流始终都是沿着固定的路线流动，因此，在无线电通讯尚未发明以前，航海者和遇难的船员常利用洋

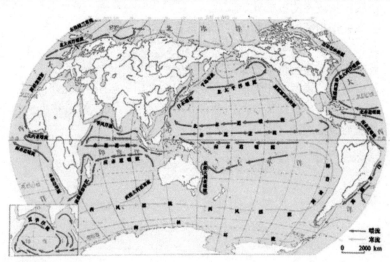

※ 世界表层洋流的分布

流来传递信息。他们将写好的信密封在瓶子或其他容器里，放入海洋中，让洋流把它带来其他地方。

洋流可分为寒流和暖流两种：所谓寒流，就是从高纬度流向低纬度的洋流。环南极洋流，是在西风推动下由西向东环绕非洲、南美洲和澳大利亚与南极间的广阔海域流动的洋流，属于寒流。它不会受到大陆的阻碍，随风自由漂流，所以又称西风漂流。这股洋流宽约 300 千米～2000 千米，表层流速每小时 1 千米～2 千米，是世界大洋中规模最大的寒流，也是最大的洋流。冷洋（寒流流经区域）在与周围环境进行热量交换时，吸收大量热能，使洋面和它上空的大气失热减湿。例如，北美洲的拉布拉多海岸，由于受拉布拉多寒流的影响，水面一年有 9 个月都处于冻结状态。寒流经过的区域，大气比较稳定，降水量较小。像秘鲁西海岸、澳大利亚西部和撒哈拉沙漠的西部，就是由于沿岸有寒流经过，导致当地气候干旱少雨，形成沙漠。

而暖流则是从低纬度流向高纬度的洋流，墨西哥湾暖流（简称湾流），是世界上最强大、影响最深远的一支暖流，该暖流在佛罗里达海峡流过时，流速可达每昼夜 130 千米～150 千米。它宽约 150 千米，深约 800 米，表层水温达 27℃～28℃，总流量每秒 7400 万～9300 万立方米，几乎是全世界河流总流量的 60 倍！暖流携带的大量热能，使北美东部沿海一带和欧洲西北部的气候显得温暖湿润。如纬度较高的英国、挪威等国港口，能够终年不封冻，甚至使位于北极圈内的摩尔曼斯克港也成为不冻港。再如，对我国东部沿海地区的气候影响重大的"黑潮"，是北太平洋中的一股强大的、较活跃的暖性洋流。它流经东海时，夏季表层水温达到 30℃左右，比同纬度相邻的海域高出 2℃～6℃，比我国东部同纬度的陆地亦偏高 2℃左右。黑潮不仅提高了沿海地区的温度，还为我国的夏季风增添了大量水汽。根据研究资料表明，气温相对低而且气压高的北太平洋海面吹向我国的夏季风，只有经过黑潮的增温加湿，才会给我国东部地区带来充沛的降水和热量，才会使我国东部地区受夏季风影响，并形成夏季高温多雨的气候特点。

洋流之所以会影响气候变化，主要是通过气团活动而发生的间接影响。因为洋流是它上空气团的下垫面，它能使气团下部发生变性，气团运动时便会将这些特征带到它所经过的区域，使气候产生变化。通常来说，只要有暖洋经过，当地的气候就会比同纬度的地方温暖；只要是冷洋流经过的沿岸，气候比同纬度的地方寒冷。这就是洋流带来的气候变化。

正是由于洋流一直在不停地运动，南来北往，川流不息，对高低纬度间海洋热能的输送与交换，对全球的热量平衡起着重要作用，从而帮助调节地球的气候。

◎大洋环流

众所周知，人和动物的体内都有血液，血管遍布全身，靠它来汲取生命所需物质，维持身体健康。但你可能不知道，海洋也流淌着血液。打开一张海流图你会发现，上面那些像蚯蚓般的曲线，代表着海水流动的大概路线。它们首尾相连，反复循环，其实这就是大洋环流，人们形象地将它称为"海洋的血液"。

大洋中的洋流规模非常大，它的流动形式也是多种多样，除表层环流外，还有在下层里暗自流动的潜流、由下往上的上升流、向底层下沉的下降流等。由此可知，洋流并不都是朝着同一方向流动的。在北太平洋，表层有一个顺时针环流外，在南太平洋还有一个反方向的环流。它们由南赤道流、东澳大利亚梳、西风漂流和秘鲁海流组成的逆时针方向的环流。在大西洋的南部和北部也各有一个环流，规模形式与太平洋相差无几。北大西洋环流由北赤道流、墨西哥湾流、北大西洋流和加那利海流组成；南大西洋环流由南赤道流、巴西海流、西风漂流和本格拉海流组成。印度洋与以上两大洋相比，有着明显的区别，它只在赤道以南有个环流，位于印度洋中部赤道以北，洋域太小，又受陆地影响，所以环流常年不稳定。由于季节变化，印度洋北部的洋流方向，在夏季是从东向西流，并在孟加拉湾和阿拉伯海形成两个顺时针的小环流；冬季则相反，洋流由西向东流。北冰洋由于地理位置较特殊，且受大西洋洋流的支配，因此只有一个顺时针的环流。

▶知识窗

·为何会形成大洋环流呢？·

风、大洋的位置、海陆分布形态、地球自转产生的偏向力（称为科氏力）等都施加了影响，可以说是多种因素综合在一起的结果。大风不仅会掀起浪，还能吹送海水成流。常年稳定的风力作用，可以形成一支势头旺盛的海流。长久不停息的赤道流，就是被信风带吹刮的偏东风而形成的。稳定的西风漂流，则要归功于强有力的西风带。所以，海洋表层流又被称作是"风海流"。但是，大洋环流形成的"环"，并不都是风的作用。大陆的分布和地转偏向力的作用，也是不容忽视的。当赤道流一路西行，来到大洋西部时，大陆阻挡了它前进的方向，此时它有两种选择，一是原路返回东岸，二是绕过去。但是，由于"后续部队"汹涌澎湃、源源不断地跟进来，全部返回是很难的，只好分出一小股潜入下层返回，成为赤道潜流；其他大部分只能转弯另辟蹊径，继续前进。究竟该往哪里转弯呢？这时，地转偏向力为它提供了帮助。在地球的北部，洋流受地转偏向力的作用，会向右转，而在地球的南部则使它向左转。加上大陆的阻挡，水到渠成，大部分洋流便会向极地方向弯曲。在洋流向极地方向进军的过程中，地转力一刻也没有停歇，拉偏的劲头越来越足，大约到纬度 40°时，强大的西风带与地转偏向力形成合力，使海流成为向东的西风漂流。同样的道理，西风漂流到大洋东岸附近，必然会向赤道流去，从而就形成了一个大循环。

| 拓展思考 |

1. 洋流是怎样形成的？
2. 你知道大洋环流的路线吗？

海 啸

Hai Xiao

海啸是海浪的一种特殊形式，它是由火山、地震或风暴引起的。海啸波在大洋中不会妨碍船只的正常航行，但在靠近海岸的地方却能量集中，威力巨大。

◎海啸概况

在这个蓝色的星球上，大海的力量是一切自然力量中最令人捉摸不透的。在古希腊神话中，海神波赛东主宰着海洋，他总是手握一把叉子，乘风破浪而来，狂风暴雨，山崩海啸，破坏力极强。从古至今，来去神秘而又致命的海啸一次又一次袭击人类，排山倒海般的海水淹没城市，吞噬生命。究竟是什么原因使海啸如此猖狂？

海啸与一般的海浪不同，它通常是由海底地震、火山爆发和水下滑坡

※ 海啸

等所引起的。和风驱动的海浪相比，地震海啸的周期、波长和传播速度都要大上几十倍或上百倍。所以，海啸的传播特点以及它对海岸的影响均与风驱动产生的海浪有着很大的区别。一般的海浪，其波长为几米到几十米，波长周期约为几秒，传播速度也很慢。然而海啸的波长可达几百千米的海洋巨波，不管海洋有多深，波都可以传播过去，海啸在海洋的传播速度大约每小时 300 千米～1000 千米，而相邻两个浪头的距离也可能远达500 千米～650 千米，大致相当于波音 747 飞机的速度。当海啸波进入大陆架后，由于深度变浅，波高突然增大，由此而卷起的海涛波高可达数十米，看起来就像是一堵"水墙"。

虽然传播速度快，但在深水中海啸并不会带来什么危险。海啸是静悄悄地不知不觉地通过海洋，如果海啸出其不意地发生在浅水中，就会带来很大的灾难，对人类的生命和财产造成不可挽回的损失。

◎海啸的类型

根据其机制，海啸可分为两种类型，一种是"下降型"海啸，一种是"隆起型"海啸。

"下降型"海啸：某些断层地震引起海底地壳大幅度急剧下降，海水会以最快的速度向突然错动下陷的空间涌去，并在其上方出现海水大规模积聚，当涌进的海水在海底遭遇阻力后，就会翻回海面产生压缩波，形成长波大浪，并向四周传播与扩散，这种下降型的海底地壳运动所产生的海啸在海岸首先表现为异常的退潮现象。也就是说，如果退潮现象出现异常，很有可能就是海啸的一种预警信号。1960 年 5 月，智利中南部的海底发生强烈的地震，其所引发的巨大海啸就属于此种类型。

"隆起型"海啸：某些断层地震引起海底地壳大幅度急剧上升，海水也会随着隆起的部分一起向上升，并在隆起区域上方积聚大量海水，在重力作用下，海水必须保持一个等势面以达到相对平衡，于是海水从波源区向四周扩散，形成汹涌巨浪。这种隆起型的海底地壳运动形成的海啸，在海岸最为突出的表现就是异常的涨潮现象。1983 年 5 月 26 日，日本海发生 7.7 级地震，其所引起的海啸就是这一类型。

▶ 知 识 窗

2004 年 12 月 26 日，印度南部马德拉斯发生海啸。波及印度洋沿岸十几个国家，造成约 23 万人死亡或失踪，经济损失超过 100 亿美元。

2006 年 7 月 17 日，印尼爪哇岛西南海域发生里氏 6.8 级地震，并引发沿岸海啸，造成 668 人死亡，1438 人受伤，287 人失踪，约 7.4 万人无家可归。

2009 年 10 月 3 日，从空中拍摄的美属萨摩亚群岛一个遭受海啸袭击的村庄。2009 年 9 月 29 日，萨摩亚群岛附近海域发生里氏 8 级地震并引发海啸，造成至少 184 人死亡。

2010 年 2 月 27 日，智利首都圣地亚哥西南 320 千米的马乌莱附近海域发生里氏 8.8 级地震，引发海啸，造成至少 500 人死亡、数千人失踪、81444 所房屋被彻底损毁，受直接影响的灾民达 37.1 万人。

2011 年 3 月 11 日，强震和海啸侵袭过后的日本东北部仙台机场。当天，日本发生里氏 9 级地震并在日本东北太平洋沿岸引发巨大海啸，造成重大人员伤亡。

| 拓展思考 |

1. 你知道多少海啸的前兆？
2. 怎样预测海啸？

貌

DIMAO
第三章

喀斯特地貌

Ka Si Te Do Mao

喀斯特地貌又可以叫做岩溶地貌，它是可溶性岩石在有溶蚀力的水的进行作用而形成的地下形态。

◎喀斯特地貌产生的原因

※ 喀斯特地貌

在溶蚀作用为主，还包括冲蚀、潜蚀、坍塌等侵蚀性过程形成下而产生的现象统称为喀斯特地貌。喀斯特是南斯拉夫西北部的一个地名。近代的喀斯特研究多是在该地进行的。

喀斯特地貌在全世界各地的可溶性岩石地区都有分布，世界上的可溶性岩石可以分为三大类：碳酸盐类岩石、硫酸盐类岩石、卤盐类岩石。总面积占到了地球总面积的 10%。我国喀斯特地貌主要分布在中国的广西、云南和贵州等地区，除了我国分布较广之外，还有越南北部、南斯拉夫迪拉克那里的阿尔卑斯山区，法国中央高原、澳大利亚南部、美国的印第安纳州和肯塔基等地区。我国的云贵高原东部的喀斯特地貌面积大，是世界上最大的喀斯特地区之一。在我国的西

※ 喀斯特地貌

藏和北方的一些地区也有分布，但相对来说还是比较少的。

◎喀斯特可划分的类型

喀斯特地貌可以根据不同的条件划分成不同的类型。如果按照出露条件划分，可以分为：裸露型喀斯特、覆盖型喀斯特、埋藏型喀斯特。按气候带划分，可以分为：热带喀斯特、亚热带喀斯特、温带喀斯特、寒带喀斯特、干旱区喀斯特。按岩性分为：石灰岩喀斯特、白云岩喀斯特、石膏喀斯特、盐喀斯特。这些都是根据喀斯特不同的特征划分出来的不同的喀斯特类型。

※ 喀斯特地貌

此外，还有按海拔高度、发育程度、水文特征和形成时期等不同的条件划分。如果是由其他的不同的成因产生的喀斯特现象，均称为假喀斯特，如：由一些碎屑斯特、黄土和黏土喀斯特等行车翰的喀斯特在本质上都不属于真正的喀斯特，因为它们不是由可溶性岩石构成的。

喀斯特的分布特征是很特别的，在碳酸盐地层分布区发育的最好，在这个地区岩石突露、奇峰林立，常见的地表喀斯特地貌有石芽、石林、峰林、喀斯特丘陵等喀斯特等正地形，还包括一些其他的负地形：溶沟、落水洞、盲谷、干谷、喀斯特洼地等；地下喀斯特地貌有溶洞、地下河和地下湖等；另外还有与地表和地下关系密切的竖井、芽洞、天生桥等喀斯特地貌。这些特征构成了千奇百态的喀斯特地貌。

◎喀斯特研究在理论和生产实践上都有重要意义

喀斯特能够产生很多有利的资源供人们进行开发，喀斯特地貌的矿泉和温泉中含有对人身体有益的气体，具有很高的医疗价值。喀斯特上层的矿产资源很丰富，古喀斯特潜山是良好的储油气构造，但是除了这些有利的条件，喀斯特地貌还会给人类带来很多不利的影响，当然，这些不利因素是需要人们克服和预防的。

我国的喀斯特地貌分布较多，形成了各种各样的喀斯特地形。喀斯特地貌地下流水侵蚀形成的地下河。在地表上常见的地貌特征有石芽、石林、峰林、落水洞等，在地下则发育成溶洞和地下河等各种洞穴系统。我国湖南张家界的桑植县的九天洞，堪称亚洲第一洞，黄龙洞被列为世界文化遗产、地质公园、国家首批 5A 计划旅游区，它也是张家界武陵源的重要组成部分，这就是张家界地下喀斯特的地形代表，在张家界，喀斯特地貌约占到了全市面积的 40%。在我国，闻名世界的喀斯特地貌有云南的路南石林和广西的桂林山水。

石灰岩在地下水的长期作用下形成溶洞，因为石灰岩的主要成分就是碳酸钙，在水和二氧化碳发生反应后生成碳酸氢钙，溶于水后，空洞逐步扩大后形成的。

▶ 知识窗

喀斯特地貌经常会产生各种各样奇特的地形，在经过人类的开发之后，就形成了各种各样的风景区，我国的风景区以张家界的武陵源风光最为著名，吸引了海内外大批游客全区参观，它是属于石英砂岩峰林地貌，是典型的喀斯特地貌。武陵源风景区内巨厚的石英砂岩，产状平缓，岩层不易沿着较薄的层面滑落，于是就覆盖在了页岩上，由于重力的作用，使得刚硬的石英砂岩垂直发育，在流水的作用下，就形成了各种各样令人流连忘返的峰林。

我国的喀斯特特征的自然风光也经常被人们赋予许多美丽的传说故事，使得本来就很美丽的风光，更加神秘动人，云南路南石林的自然风光因阿诗玛姑娘的动人传说而变得格外旖旎。桂林的象鼻山，则是原地下河道出露地表形成的。在广西境内，经常可看到这种抬升到地表以上的溶洞，配合上浓浓的雾气，常被人们称为"仙女镜"。

拓展思考

1. 中国有哪些喀斯特地貌？
2. 你认为喀斯特地貌哪里最迷人？

雅丹地貌

Ya Dan Di Mao

世界上有一种非常特殊的地貌，可是它却很少被人们所知道，但是它的魅力却从不亚于各种名胜古迹，在地理学上，这也是一种专指干燥地区风蚀的一种地貌特征。在罗布泊地区，这种神奇的地貌特征吸引了万千游客前去观赏，这就是不太为世人所知的雅丹地貌。

◎雅丹地貌的成因

以往有人将雅丹地貌定义为一种风蚀地貌，但经地质学家对罗布荒原雅丹地貌的考察后，证明形成雅丹的外营力不仅仅只是风，还有水，并且存在三种类型：一类是以风力侵蚀为主形成的雅丹，一类是以水流侵蚀为主形成的雅丹，还有一类则是风和水共同作用形成的雅丹。这样，雅丹地貌是一种风蚀地貌的结论不攻自破。

在世界各种不同的荒漠地带，都分布着大大小小的雅丹地貌，在我国的新疆的罗布泊东北方向发育的最为典型。雅丹地貌形成的主要原因有两个，一个是发育这种地貌的地质基础，二是由于外力作用。罗布洼地原来是一个很大的湖，在地质形成的过程中，经历了水进水退的现象，是湖

※ 雅丹地貌

底的泥沙一层一层交错堆积，形成了雅丹地貌错层的结构。泥岩层的结构很紧密，也很硬，一般情况下，是不容易遭受风水的侵袭的，但是它抵御不住温差的作用。如果你在罗布草原上旅行，就会经常听到类似鞭炮声的爆炸声，有时似狼嚎一样，不要以为那是鬼神在作怪，那是因为当地的温差很大，由于热胀冷缩的作用，裸露在外面的岩石就会崩裂而

发出响声。

雅丹地貌的岩石多是泥岩，泥岩崩裂不像花岗岩那样成块状崩裂，因为泥岩是一层一层的片状结构，因此，它崩裂的时候也是层层的脱落。于是就形成了许多垂直的外观，使夹在泥岩层的沙层逐渐裸露在地表，在地表风化后，堆积在地表的泥岩层间的疏松沙层就会被逐渐搬运到远方，由原来的平坦的地表而变得高低起伏不平，这样就形成了雅丹地貌的雏形。

在泥岩沙层暴露之后，更容易受到风、水等外力作用，使得原来形成的洼地进一步扩大，突出在地表的部分，由于受到泥岩层的保护，相对已经比较稳固了，裸露在外的沙层受到侵蚀后，形成了各种千奇百怪的形态，在这个时候，雅丹地貌就完全形成了。

雅丹地貌会犹如昙花一现，它不可能一直保持原来的面貌，这是因为在风和水等一些外力作用下，雅丹地貌会经常变化新的面貌。外力的侵蚀作用永远不会停止，随着不断的侵蚀，雅丹地貌的凹地会越来越大，而凸地也会慢慢缩小，并逐渐消失，最后必然会崩塌消失。罗布泊东岸的一些雅丹地貌在经过的它的繁盛时期之后已经开始走向消亡的道路。

◎雅丹地貌的地貌分类

形成雅丹地貌的作用力主要有风蚀和水蚀两种。在风蚀作用下形成的雅丹地貌分布在平原地区，以流水侵蚀作用为主的雅丹地貌主要分布在邻近山地的地区。

由于风蚀雅丹地貌分布在距山区较远的平原地区，山区形成的降水无法到达平原地区，所以，这里的雅丹地貌形成的外营力主要是风力。这一类雅丹地貌集中分布在孔雀河以南至楼兰遗址一带。这里的洼地的走向为东北——西南走向，正好于当地的盛行风向吻合，这就表明了雅丹地貌与风的关系。这里的风蚀深度在 2.4 毫米～4.7 毫米之间，这样看来，此处的雅丹地貌形成的时间也不过千年。

※ 雅丹地貌

在流水侵蚀下形成的雅丹地貌，分布的地区主要在邻近山区的地方。

罗布泊地区属于干旱地带，降水量极少，但是在它附近的山区降水却相对较多。在干旱地区降水主要以阵雨为主，阵发性强、降水时间短，但是一旦降水就犹如瓢泼一样，地表又没有植被拦截，这样就很容易形成洪水流，会对疏松的地表产生强大的冲刷作用。流水侵蚀与风力侵蚀有很大区别，经洪水冲刷过的土丘，在崖面上留有很清晰的被冲刷过的痕迹，层次有很明显的区别。

▶ 知 识 窗

·中国最美的几处雅丹地貌·

☆ 最瑰丽的岩石雅丹——乌尔禾风城

克拉玛依市的乌尔禾乡的北部，有一个由许多奇怪的石头组成的"城"，人们将其称为风城，也有人将其成为"魔鬼城"。这是有一处很特别的风蚀地貌。因为这里常年狂风不断，到处都是风口。每当大风一来临，整个风城被黄沙弥漫，凄厉呼啸，令人毛骨悚然，魔鬼城的名字就是这样得来的。

这里曾是鸟语花香的淡水湖畔，后来由于地壳上升，湖水就从西面的峡谷流失了。经过地壳的演化，就形成了准格尔盆地，西侧的峡谷口正好就形成了风口。黄沙在强劲的风力作用下，迅速的击向岩石，经过长时间的演变，就形成了今天特别的雅丹地貌。

☆ 最神秘的雅丹——白龙堆

位于罗布泊东北部的白龙堆雅丹是罗布泊三大雅丹群之首，它是一片盐碱地土台群，绵亘几百千米，是由白龙推的土台、沙砾、石膏泥和盐碱构成，颜色主要呈灰白色，经过阳光反射，远远望去就像一条长长的白龙，白色的脊背在波浪中若隐若现，首尾相连，非常雄伟，白龙堆雅丹因此而得名。

☆ 最壮观的雅丹——三垅沙

三垄沙是位于罗布泊东部地区，它是一条流动的沙丘带。关于三垄沙雅丹群的成因有不同的说法，但大多数人还是认为是洪水冲蚀形成为主，但也有风的作用。这里以前是丝绸之路的必经之地。这里的土台的结构多是由沉积的黄土形成，有不同的颜色，在太阳光线的作用下，产生不同色彩，让人感觉十分神秘。

| 拓展思考 |

1. 世界上有哪些著名雅丹地貌？
2. 雅丹地貌有什么特征？

丹霞地貌

Dan Xia Di Mao

丹霞地貌是指一些红色的砂岩经过长期的风化作用和流水的侵蚀所形成的各种孤立的山峰和奇怪的岩石。它主要发育于侏罗纪至第三世纪的水平或者是缓倾的红色地层中。丹霞地貌主要分布地区：中国、美国西部、中欧和澳大利亚等地区，在中国分布最广。在我国粤北地区的丹霞山最为典型，所以称之为丹霞地貌。从简单的定义来描述，就是有陡崖的陆相红层地貌就是丹霞地貌。

◎丹霞地貌形成的原因

丹霞地貌红层地貌中所谓"红层"是指在中生代侏罗纪至新生代第三纪沉积形成的红色岩系，一般称之为"红色砂砾岩"。水平构造地貌指由产状水平或近于水平的第三纪厚层红色砂砾岩为主组成的平坦高地，受强烈侵蚀分割、溶蚀和重力崩塌等综合作用而造成平顶、陡崖、孤立突出的塔状地形。

※ 丹霞地貌

丹霞地貌发育始于第三纪晚期的喜马拉雅造山运动。这次运动使部分红色地层发生倾斜和舒缓褶曲，并使红色盆地得到抬升，形成了外流区。流水向盆地中部低洼处集中，沿岩层垂直节理进行侵蚀，形成两壁直立的深沟，称为巷谷。巷谷崖麓的崩积物在流水不能全部搬走时，形成坡度较缓的崩积锥。随着沟壁的崩塌后退，崩积锥不断向上增长，覆盖基岩面的范围也不断扩大，崩积锥下部基岩形成一个和崩积锥倾斜方向一致的缓坡。崖面的崩塌还使山顶面范围逐渐缩小，形成堡状残峰、石墙或石柱等地貌。伴随着进一步的侵蚀，残峰、石墙和石柱也将消失，形成缓坡丘陵。在红色砂砾岩层中有不少石

※ 丹霞地貌

灰岩砾石和碳酸钙胶结物，碳酸钙被水溶解后常形成一些溶沟、石芽和溶洞，或者形成薄层的钙化沉积，甚至发育为石钟乳。沿节理交汇处还可形成漏斗状地形。在砂岩中，因有交错层理所形成锦绣般的地形，称为锦石。河流深切的岩层，可形成顶部平齐、四壁陡峭的方山，或被切割成各种各样的奇峰，有直立的、堡垒状的、宝塔状的等。在岩层倾角较大的地区，则侵蚀形成起伏如龙的单斜山脊；多个单斜山脊相邻，称为单斜峰群。岩层沿垂直节理发生大面积崩塌，则形成高大、壮观的陡崖坡；陡崖坡沿某组主要节理的走向发育，形成高大的石墙；石墙的蚀穿形成石窗；石窗进一步扩大，变成石桥。各岩块之间常形成狭陡的巷谷，其岩壁因红色而名为"赤壁"，壁上常发育有沿层面的岩洞。

◎丹霞地貌的分布

截止到 2008 年 2 月，我国发现的丹霞地貌总共有 790 处，分布在 26 个省区，但主要以我国广东韶山市东北的丹霞山以赤色丹霞为特色，它是由红色沙砾陆相沉积岩构成，此处在丹霞地貌的各个方面的研究在世界上

丹霞地貌研究中是最为详细和深入的，在此设立的"丹霞山世界地质公园"是经联合国教科文组织批准为中国首批世界地质公园之一。

中国的丹霞地貌分布十分广泛，在热带、亚热带湿润地区和温带湿润半湿润地区、干旱半干旱地区、青藏高原寒带地区都有分布。中国典型的丹霞地貌除了丹霞山，还有湖南怀化的万佛山、福建武夷山、甘肃张掖、湖南邵阳崀山、云南丽江老君山、贵州赤水、江西龙虎山（鹰潭、弋阳、上饶、瑞金、宁都）、青海的坎布拉、广西桂平白石山、河北承德、陕西凤县的赤龙山、四川江油的豆山等地区都有丹霞地貌的分布。

| 拓展思考 |

1. 丹霞地貌的特征是什么？
2. 我国丹霞地貌分布在哪里？

青少年应该知道的地理百科知识

黄土地貌

Huang Tu Di Mao

黄土的分布面积大约占到了全球陆地总面积的 10％左右，呈带状分布在南北半球的中纬度的森林、草原和荒漠草原地带。中国是黄土面积分布最广的国家，北起阴山山麓，东至东北的松辽平原和大、小兴安岭一带，西至天山、昆仑山山麓、南达长江中下游流域，总面积大概是 63 万平方千米。黄土高原是我国黄土面积分布最集中的地区，其黄土面积约占全国覆盖面积的 72.4％左右，其厚度在全国乃至世界上都是屈指可数的，它是世界上黄土地貌最典型的地区。

◎黄土地貌的特征及分布

黄土地貌在全球分布很广，典型的黄土地貌有以下特征：

第一，沟谷众多、地面破碎。在我们国家的黄土高原沟谷纵横，素有"千沟万壑"之称。黄土高原沟谷密度比我国其他的地区要大很多，沟谷下切深度为 50 米～100 米。沟谷面积一般占流域面积的 30％～50％，有的地区达到 60％以上，将地面切割为支离破碎的景观，而且地面坡度普遍很大，所以就构成了黄土高原"支离破碎"的地表特征。

※ 黄土地

第二，侵蚀方式独特、过程迅速。黄土地貌形成的原因多种多样，侵蚀外营力有水力、风力、重力和人为的一些作用，它们对黄土地面做面状侵蚀、沟蚀、地下侵蚀、块体运动和运移土地等方式。由于这些的外营力所造成的陷穴、盲沟、天然桥、土柱、碟形洼地等，称为"假喀斯特"。泥流现象只有在黄土区才能见到，泥流主要是由于上方的水体向下流而形成的。

黄土的抗蚀能力特别的弱，因此黄土的被侵蚀速度很快，丘陵坡面几

乎是在以每年 1 厘米～5 厘米的速度侵蚀，而黄土高原的北部的沟头更是在以每年 1 米～5 米的速度在前进，个别的沟头甚至是达到了每年 30 米～40 米的速度。更加令人难以置信的是，甚至有一次因为暴雨的冲刷成了一条数百米的侵蚀沟。由此可见，黄土高原每年被侵蚀的速度多么迅速。

※ 黄土地

我国的"母亲河"——黄河，每年输送的泥沙中，有 90％以上的数量都是来自黄土高原，黄土高原河流每年输送的泥沙量每平方千米大于 5000 吨，其中陕北的窟野河的神木水文站至温家川水文站区间输沙量每年每平方千米甚至达到 35000 吨。

第三，沟道流域内有多级地形面。沟道流域内的地形面一般可以分为三级：各个流域的分水岭为第一级；降低 60 米～80 米为第二级；再次基础上在降低 40 米～60 米为第三级。各级地形面的地层结构都是不一样的，第一层的层序保存很完整，第二层比第一层薄很多，有的时候甚至会消失不见，第三级地形面只有马兰黄土堆积。第二层和第三层就可以形成完整的谷形了，在第三层地形面之下就是现代沟谷了。沟道流域的发展情况就是黄土地貌发育历史过程的记录，也是黄土高原形成沟壑的原因之一。

▶ 知识窗 ◀

　　黄土地貌是黄土堆积的过程中受到强烈的侵蚀而产生的，黄土地貌和其他的地貌特征一样，都是有风蚀和水蚀的外营力造成，但是和其他的地貌特征不同的是，风在黄土堆积中起到的是主要的推动力，侵蚀是以流水作用为主。黄土塬、梁、峁等地貌类型主要由堆积作用形成，而各种沟谷则是强烈流水侵蚀的结果。黄土区的侵蚀有古代和现代之分。古代的侵蚀为自然侵蚀，速度非常的缓慢；现代人类开始进行大规模的农耕或者是砍伐活动，因此加快了侵蚀的速度。

拓展思考

1. 黄土地是怎样形成的？
2. 我国哪个省黄土地貌最多？

冰川地貌

Bing Chuan Di Mao

冰川地貌主要集中在极地和中低纬和高原地区，冰川地貌归在气候地貌范畴里，全球陆地表面有 11％的面积为现代冰川覆盖。冰川的运动包括了内部运动和底部滑动两部分，冰川地貌是侵蚀、搬运与寒冻、雪蚀、雪崩和流水共同作用下形成的地貌景观。

◎冰川的形成

在高纬度地带，因为终年的气候都比较寒冷，年平均气温一般都在 0℃以下，常年被积雪覆盖，当覆盖在地表上的积雪经逐年增厚，经过一系列的物理过程，积雪就逐渐形成了冰川冰。冰川冰多为固体，具有塑性，在自身重力的作用下，逐渐形成了冰川。

冰川对地表的塑造是很强烈的，冰川的进退都能引起海平面升降和地壳均衡运动，导致海洋的轮廓发生较大的变化。所以说，冰川也是塑造地

※ 冰川

表的强大外营力之一。由于冰川强大的力量，凡是经它覆盖过的地方，都可能会引起一系列冰川地貌。

冰川地貌可以分为两种，分别是古代冰川地貌和现代冰川地貌，现代冰川地貌仅限于约占陆地面积的10％的现代冰川分布区，而古代冰川主要是指第四纪古冰川塑造的冰川地貌。冰川地貌分布最为广泛，分布于欧洲、北美洲和中国西部的高原山区。冰川地貌对研究古地理和古气候的变迁有着很重要的意义，由于它不同的沉积物，对地质学家们研究冰川地貌有着很重要的实践意义。

◎冰川的类型

一般在雪线以上的积雪，一旦达到了一定厚度，并且转化为冰川之后，如果冰川有一面坡度，冰川并能沿着这个坡度下滑，从而形成了各种冰川。按照冰川不同的形态和规模或者是所处的地形，可以将冰川划分为以下四种主要类型。

一、山岳冰川

这种类型的冰川是发育在高山上的冰川，主要分布在中纬和低纬地区。山岳冰川的形成和地形有关，根据冰川的形态和部位可分为冰斗冰川、悬冰川和山谷冰川三种。

二、大陆冰川

它是在两极地区发育、面积广、厚度比较大的一种冰川，大陆冰川不受下浮地形影响。在冰川表面突起的小部分的似盾状的冰体成为冰盾，但还有一种规模更大的、表面有起伏的大陆冰体，叫做冰盖，冰盖是面积大于50000平方千米的陆地冰体，如格陵兰冰盖就属于这种冰体。

※ 冰川

三、高原冰川

高原冰川是大陆冰川到山谷冰川的一种过渡类型，由于它发育在起伏和缓的高地上，所以叫高原冰川，又称冰帽，冰帽是指数千千米至 5 万千米的陆地冰体，规模巨大的山麓冰川和平顶冰川都是可以发育为冰帽的冰体。

四、山麓冰川

当山谷冰川从山地流出的时候，就会在山麓带扩展或汇合成一片广阔的冰原，这片冰原叫山麓冰川。

◎冰川的运动

冰川的流动速度非常慢，要比河流的流动速度小许多，冰川一年只流动数十米或者是数百米，虽然也会有一些快速流动的冰川，但还是比不上河流流水的速度。冰川运动是由冰的厚度和冰川下浮地形的坡度和冰川表面的坡度等因素控制，因此，处在不同位置的冰川，将会产生不同形式的运动。冰川的运动是由内部流动和底部的滑动两部分组成的。总的来说，冰川运动速度十分缓慢。但是，也有一些冰川，在长期的缓慢运动或者是退缩之后，会突发猛进的向前推进。

※ 冰川地貌

青少年应该知道的地理百科知识

◎冰川的侵蚀、搬动和堆积作用

冰川有很强的侵蚀能力，它的侵蚀方式主要能够分为三种：拔蚀作用、磨蚀作用和冰楔作用。

（1）拔蚀作用：当冰床的底部或者冰斗后背的基岩，沿节理反复冻融从而变得松动，若这些松动的岩石和冰川冻结在一起，冰川在运动时就会将这些岩石带走，这就是拔蚀作用。经拔蚀作用后的冰川河谷，在后期的发展中，它的坡度是崎岖不平的，形成梯形。

（2）磨蚀作用：在冰川运动时，一些冻结在冰川表面的岩石，因受到冰川的压力，就会对冰床进行磨刻，这种运动就称为磨蚀作用，经磨蚀作用的冰川，可以在基岩上形成带有擦痕的磨光面，这也为冰川进行提供了良好的证据。

（3）冰楔作用：有冰水融入岩石裂缝中，经反复的冻融作用时，体积进行热胀冷缩，从而造成岩层破碎，成为碎块。或者是从冰川两侧的山中坠落到冰川中，从而推动冰川前进。

▶ 知 识 窗

由于冰川的类型和分布的地理位置不同，冰川作用的方式和强度也有很大的差异，因此冰川的地貌组合也是有区别的。同样地理位置的冰川的地理位置也是复杂多样的，最多可以超过20余种，但主要还是以侵蚀地貌为主。大陆冰川的地貌类型还是比较简单的，只有10多种，多属于冰碛地貌和水堆积地貌。而山地貌组合的特征是最明显的，多是呈垂直分带规律；大陆冰川地貌组合为水平分带规律，以终碛堤为界，在堤内是以冰碛地貌为主，在后来会发育成冰碛丘陵和冰退终碛堤等，而堤外以冰水堆积地貌为主，发育外冲平原、冰水三角洲和锅穴等地貌特征。这几种冰川地貌的组合都是比较明显的，除此之外，还有一些不是很明显的组合特征。

| 拓展思考 |

1. 冰川地貌是怎么形成的？
2. 冰川地貌有几种类型？

风景迷人的高原

Feng Jing Mi Ren De Gao Yuan

海拔较高而地面比较完整的高地，就是高原。高原通常是海拔超过 500 米的大片完整高地。中国的高原主要分布在大兴安岭、太行山、雪峰山一线以西的区域。

◎ 高原的分类

通常高原都是怎么分类的呢？根据形态的不同，高原可分为平坦的和分割的两种。内蒙古高原原来是一片平坦的准平原，以后受抬升作用上升构成海拔 1000 米左右的完整高原面。位于甘肃东部镇原、宁县一带的黄土高原，可以说是高原面保存较好的平坦的高原。

相比而言，云贵高原则是中国典型的分割高原，有所谓"地无三里平"的说法。云贵高原海拔在 1500 米左右，高原面深受乌江、沅江、柳江和盘江等河流剧烈的切割，地表显得很是崎岖。尤其是在石灰岩分布地区，还有更多的石林、伏流、陷阱等喀斯特地形，这些也使得原本平坦的高原面受到了极大破坏。

◎ 青藏高原

青藏高原位于我国西南站，是世界上最高的高原，青藏高原包括西藏、青海、四川西部和新疆南部山地等广大地区，面积约为 230 万平方千米，平均海拔 4500 米，有"世界屋脊"之称。青藏高原实际上是由一系列高大山脉组成的高山"大本营"，地理学家把它叫做"山原"。高原上的山脉主要是东西走向和西北——东南走向的，自北而南有祁连山、昆仑山、唐古拉山、冈底斯山和喜马拉雅山。上述山脉海拔通常都在五六千米以上。因此，我们说"高"是青藏高原在地形上的一个最重要的特征。

谈到地形，青藏高原的另一个重要特征就是湖泊众多。高原上有两组不同走向的山岭相互交错，把高原分割成许多盆地、宽谷和湖泊。高原上的这些湖泊主要依靠周围高山冰雪融水补给，并且多数都是自立门户，独成"一家"。

具有代表性的青海湖位于青海省境内，为断层陷落湖，它的面积有

青少年应该知道的地理百科知识

※ 布达拉宫

4456 平方千米，高出海平面 3175 米，最大湖深达 38 米，是中国最大的咸水湖。还有西藏自治区境内的纳木湖，面积约 2000 平方千米，高出海平面 4650 米，是世界上最高的大湖。这些湖泊大多是内陆咸水湖，盛产食盐、硼砂、芒硝等矿物，有不少湖同时还盛产鱼类。通常在湖泊周边、山间盆地和向阳缓坡地带生长着很多绿草，因此这些区域也是仅次于内蒙古、新疆的重要牧区。

青藏高原不仅湖泊分布多，更是中亚、南亚和东南亚的很多大江大河的发源地，水力资源很丰富。高原的地势高、面积广，从太阳那里获得的光热资源很充足，在某些程度上弥补了"天高地寒"的不足，为生物的生长、人类的活动提供了一个独特的有利条件。在当地，只要天气晴朗，大多数地区日照都在 12 小时左右。全年日照总时数通常是 2500 小时～3200 小时，比它东面的长江流域、四川盆地和江南丘陵地区多 50%～100%。日照时间长，太阳辐射也强，这里地面每平方厘米面积上每年得到的太阳辐射能通常达到 140 千卡～180 千卡，也比上述 3 个地区高出 50%～100%。所以，这种光能源的开发利用会是青藏高原的一项非常珍贵的自然资源。

青藏高原上有一条很长的山间河谷盆地，这就是藏南谷地。此外，在高原的东南部，由于河流切割形成了一系列南北走向的深切峡谷。祁连山也有一系列与山脉走向一致的纵向河谷。这些河谷盆地地势比较低平，气温较高，而且大部分河谷气候也比较湿润，因此这些地方就成为青藏高原的主要耕作区。有些河谷两侧山坡还会有森林，尤其是高原东南边的峡谷地区，可以说是中国西南林区的主要组成部分。

青藏青原，尤其是它的边缘地区广泛分布的"谷中谷"（河谷里的河谷）及河流两岸的阶地、山前的洪积扇叠置等现象，都显示了青藏高原现仍在不断上升。这个地区频繁发生的地震和众多的地热泉，同时也反映了导致青藏高原隆起的地壳内部一系列复杂的地质过程还没熄灭。通对金沙江的精确测量显示，在1956年～1966年期间上升幅度最大的是有30毫米～50毫米，最小的有几毫米。伴随着高原的逐渐隆起，自然环境同时也会不断发生变化。

◎内蒙古高原

内蒙古高原位于我国的北部，东起大兴安岭，西止甘肃省河西走廊北山的西端，南界祁连山麓和长城，北抵于国境线。这个高原东西长约2000多千米，面积约100多万平方千米，被称为是中国第二大高原。

与青藏高原差不多，内蒙古高原也是在近代地质历史时期里，地体不断抬升而形成的，但它抬升的强度远远赶不上青藏高原那么激烈。在上升过程中，一方面整个地块发生和缓的拗曲，形成平缓的丘陵和宽浅的盆地（蒙古语叫做"塔拉"）；另一方面东部和南部微微翘起，翘得最高的便成为山地。嵌镶在高原东部边缘的大兴安岭和中部的阴山山脉就是这样形成的。内蒙古高原广大地区海拔多在1000米～1500米左右。高原上分布有宽浅的大盆地，例如，呼伦贝尔盆地、二连盆地和居延盆地等等。通常从盆地的边缘到中心地带，几百千米路程的高差只有二三百米。

如果要分它的地形类型的话，内蒙古高原是属于堆积——剥蚀高平原。内蒙古高原可以说是中国最大的天然牧场。高原西部气候干燥，多数是沙漠和戈壁，植物很稀少，草场也很零散，有很多草滩分布在沙丘间的湖盆之中。由西向东随着降水量的增多，牧草长势也越来越好。较为湿润的气候条件呼伦贝尔盟和锡林郭勒盟草原，牧草非常肥美，产自这里的三河马、三河牛和内蒙古绵羊等良种牲畜，都是很闻名的。

◎云贵高原

云贵高原的范围主要包括贵州全省，云南省哀牢山以东地区，广西的北部和四川、湖北、湖南等省交界地区，是中国南北走向和东北一西南走向两组山脉的交汇点，平均海拔 1000 米～2000 米。高原西部是位于云南省范围，山岭主要以南北走向为主，像乌蒙山、点苍山和龙山等；高原东部是位于贵州省范围，山岭主要是东北——西南走向，像武陵山、大娄山等。另外，云贵高原还是长江、西江（珠江的最大支流）和元江（下游为红河）三大水系的分水岭。这些河流的许多支流如长江水系的金沙江、赤水河、乌江、沅江，西江水系的南盘江和北盘江等长期切割地面，形成许多既深且陡的峡谷，使高原的大部分地区特别是高原边缘，基本上都是高山深谷、峰峦叠嶂。如金沙江的虎跳涧大峡谷谷深达 3000 米，乌江河谷也深达 300 米～500 米。北盘江打帮河上源的黄果树大瀑布，从几十米高的陡崖上直泻犀牛潭，水花四射，气势恢弘，是中国最大的瀑布之一。经过长年的发展，今天的云贵高原可以说是一个山地性的高原了。

经过观察可以看出，在云贵高原连绵起伏的山岭之间。经常会有平坦的盆地出现，这种盆地被当地人称为"坝子"。坝子内部地面很平坦，土层深厚，通常都是农业比较发达、人口比较集中的地方，较大的城镇也多分布在这里。高原上还分布着很多因地层断裂陷落而形成的"断层湖"，比如云南东部著名的滇池和中部的洱海，它们的面积分别是 340 平方千米与 250 平方千米，旅游胜地昆明和大理分别坐落在这两个湖泊的一侧。

▶知 识 窗

根据高原的形成原因，人们把高原分为隆起高原、熔岩高原和黄土高原等类型。青藏高原、云贵高原和内蒙古高原都属于隆起高原，黄土高原则是在原有地形的基础上风成的堆积高原。熔岩高原是由大量熔岩堆积而成的独特的高原类型。在中国的长白山地区可以看到大面积的熔岩高原，而内蒙古的张北熔岩高原的平均高度通常都在 1200 米以上。

拓展思考
1. 我国最大的高原是什么高原？
2. 通常高原应该超过多少米？

跌宕起伏的丘陵

Die Dang Qi Fu De Qiu Ling

丘陵的相对高度一般都在 200 米以下，海拔在 200 米～500 米以下。丘陵的坡度相对比较缓，由许多低矮山丘组合而成。丘陵一般没有明显的脉络，顶部浑圆，是山地久经侵蚀的产物。山地、丘陵和崎岖的高原称为山区。丘陵在陆地上的分布很广，一般都分布在山地或高原与平原的过渡地带，在欧亚大陆和南北美洲，都有大片的丘陵地带。丘陵地区降水量较充沛，适合很多树木和花草的生长，并且对经济发展也非常有利。

◎我国的丘陵

我国的丘陵面积很是辽阔，大约可占全球总面积的 1/10。

我国主要的丘陵有辽西丘陵、淮阳丘陵和江南丘陵、黄土丘陵、江南丘陵等等。江南丘陵是我国最大的丘陵。大多由东北、西南走向的低山和河谷盆地相间分布，衡山、庐山、井冈山等众多名山都分布在其中。

※ 丘陵

由于地球表面凹凸不平，所以丘陵的绝对高度在 500 米以下，并且相对高度也在 200 米以下。丘陵是一种由各种岩类组成的坡面组合体。坡度一般较缓，切割破碎，无一定方向。按相对高度分为：200 米以上为高丘陵，低于 200 米的就为低丘陵；按坡度陡峻程度分为：大于 25°以上称为陡丘陵，而小于 25°的则称为缓丘陵；按不同岩性组成可分为：花岗岩丘陵、火山岩丘陵、各种沉积岩丘陵；按成因又可以分为：构造丘陵、火山丘陵、风成沙丘丘陵、荒漠丘陵、岩溶丘陵及冻土丘陵等；按分布位置可分为：山间丘陵、山前丘陵、平原丘陵；在洋底，称为海洋丘陵等。丘陵地区，尤其是靠近山地与平原之间的丘陵地区，往往由于山前地下水与地表水由山地供给而水量丰富，自古就是人类防洪、农耕的重要栖息之地，也是果树林带丰产之地。丘陵因为有着独特、秀丽的风景，所以是旅游的最佳去处。

◎形成丘陵的原因

形成丘陵的原因大概有以下几种：小的山脉的风化、不稳定的山坡的滑动和下沉，风、冰川、植被造成的堆积，河流造成的侵蚀、火山和地震造成的地壳变化等等。

丘陵中的河流并不像山脉间的一样平行，那是因为丘陵的形成原因与山脉的形成原因并不一样。山脉一般是通过地壳运动造成的褶皱和断层，河流一般沿这些断层流行，因此一般在山脉平行。

丘陵中的居民点既有在高处的，也有在低处的，很少有一致的特征，主要原因在于过去人类建立居民点时会考虑到日照时间、水源、背风等各种因素，而丘陵地区这些因素非常混杂，因此成立的居民点也非常多样。在善于耕作的丘陵地区，丘陵的小结构就更加明显了：丘陵地区内的田野面积一般比较小，所以每块田野里会种植不同的农作物，例如小麦、蔬菜、果园等。人造的丘陵是指一些露天矿日久天长形成大面积堆积或者古代居民点造成的堆积等等。

例如，黄土高原上的黄土丘陵就是由于下伏古丘陵经过黄土堆积而成的。黄土丘陵区河流阶地和沟谷层状地貌反映了河流、沟谷的形成与演变。黄河一级支流形成于早更新世末；早中更新世末、晚中更新世初黄河一级支流和较大的二级支流形成了较完整的水系；中更新世末如韭园沟等较大的沟谷形成；晚更新世末河网、沟谷格局与现在已基本一致；尚未切入基岩的冲沟多形成于全新世；许多切够的长度都在几十米以上，有的甚至百米，这都是通过几十年作用形成的。

▶知 识 窗

　　每个地方对丘陵的定义并不相同。相对来说，有的地方将高出地面 50 米的地形称为丘陵，而在山地附近可能在高度差 100 米～200 米以上才会被称为丘陵。结构丘陵的形态和结构相当"偶然"：它没有非常明显的地形构造，这反映了丘陵形成时风化过程的因素。

|拓展思考|

1. 丘陵海拔一般在什么范围之间？
2. 我国丘陵都分布在哪里？

物产丰富的盆地

Wu Chan Feng Fu De Pen Di

盆地是周围山岭环峙、中部地势低平似盆状的地形。由于中国山区面积广大，山脉纵横交错，所以在网格状的山脉间形成了许多的盆地。其中面积超过 10 万平方千米的著名盆地有塔里木盆地，准噶尔盆地，柴达木盆地和四川盆地。

◎塔里木盆地

塔里木盆地位于新疆维吾尔自治区南部，西起帕米尔高原东麓，东到罗布泊洼地，北至天山山脉南麓，南至昆仑山脉北麓。塔里木盆地是中国内陆最大的盆地，它也是世界第一大内陆盆地。

塔里木盆地东西长 1400 千米，南北宽 500 多千米，面积有四五十万平方千米，从大体上看，其形状是菱形的，地势由南向北缓斜并由西向东稍倾。位于亚洲大陆中心，气候干燥，雨量极少，蒸发量却很大，再加上

※ 塔里木盆地

风力作用，形成了石蘑菇和风城地貌特点。

塔里木盆地属于大型封闭性山间盆地，地质结构是周围被许多深大断裂所限制的稳定地块，地块基底为古老结晶岩，基底上有厚约千米的古生代和元古代沉积覆盖层，上有较薄的中生代和新生代沉积层。盆地呈不规则菱形，四周为高山围绕。边缘是与山地连接的砾石戈壁，中心是辽阔沙漠，边缘和沙漠间是冲积扇和冲积平原，并有绿洲分布。

很久以前的塔里木盆地并不是沙漠，而是植物繁盛、气候湿润的绿洲。新构造运动在很大程度上改变了塔里木盆地的气候特征，在逐步的演变过程中，塔里木盆地的气候开始变得干燥，植被也日渐稀少，风沙多了起来。再加上人类活动的频繁增加，塔里木盆地的沙漠化程度开始加剧，并呈现上升趋势。绿洲面积不断减小，沙漠面积就日趋退化。

◎准噶尔盆地

准噶尔盆地是中国第二大盆地，位于天山以北，天山与阿尔泰山之间，西北、东北和南面均为高山所包围，形状类似一个不等边的三角形，面积约38万平方千米。盆地地势由东向西微微倾斜。盆地内部景色较为复杂，有草原、沙漠、盐湖、沼泽。其中沙漠仅限于中部及东部，这里气候干燥，沙丘比较小，海拔也比较低。准噶尔盆地有着丰富的石油、煤和各种金属矿藏。盆地西部的克拉玛依是中国较大的油田之一。北部阿尔泰山区自古以来以盛产黄金著名。准噶尔盆地的绿洲较少，主要分布在天山北侧；盆地东缘因没有高大山脉为绿洲的发育提供水源，所以基本上没有什么绿洲。盆地南缘冲积扇平原广阔，是新垦农业区。发源于山地的河流，受冰川和融雪水补给，水量变化稳定，农业用水保证率高。天山北麓平原为新建的重要农业区，种植小麦、玉蜀黍、水稻、棉花、甜菜等。盆地内夏季气温高，棉花种植地区已达北纬44°，是世界上棉花种植的最北限。

◎柴达木盆地

柴达木盆地是青藏高原上陷落最深的一个巨大盆地，形似不等边的三角形。位于青海省阿尔金山、祁连山、昆仑山间，东西长800千米，南北最宽处350千米，面积约22万平方千米，由许多小型的山间盆地组成。盆地西高东低，海拔2500米～3000米，比塔里木盆地高2～3倍，是一个高原型盆地。从盆地边缘至中心依次为戈壁、丘陵、平原、湖泊。"柴达木"蒙古语即"盐泽"的意思。两三亿年前这里还是一个大湖，后来盆

青少年应该知道的地理百科知识

地西部上升，湖面逐渐缩小，留下 5000 多个咸水湖。位于盆地中央的察尔汗盐池是中国最大的盐湖，面积约 1600 平方千米，储盐量达 250 亿吨，可供全国人民食用 8000 年之久。盐湖表面结成大面积坚硬深厚的盐盖，最厚处达 15 米。贯穿盆地南北的公路，有 31 千米长的路面就是建筑在察尔汗盐湖的盐盖上；这里的很多房屋也是用盐块砌成的。盆地上还有五光十色的盐结晶，其中水晶盐块可以雕刻成各种艺术品。柴达木不仅是盐的世界，而且还具有丰富的石油、石棉以及各种金属矿藏，曾被人们誉为"聚宝盆"。如今，这个沉睡千年的"聚宝盆"，正在建设成为中国西北的重要工业基地之一，其东部和东南部已成为新垦农业区。

◎四川盆地

四川盆地与上述 3 个盆地的自然景色迥然不同，这里江水滔滔终年不息，葱郁的山林，翠碧的田野衬托着紫红色的土壤，红绿相映成趣，使这个被誉为"天府之国"的盆地显得分外妖娆。

四川盆地属丘陵状盆地，面积约 20 万平方千米，不但形式完整，而且是一个标准的构造盆地。四周邛崃山、龙门山、大巴山、巫山及大娄山环绕，海拔 1000 米～3000 米，多紫红色砂页岩，故有"紫色盆地""红色盆地"之称。大约距今 1 亿多年前，四川盆地还是一个内陆大湖。后因地壳运动，周围上升为山地，东缘的巫山地形较低，湖水从巫山溢出，湖底逐渐干涸成为盆地。在地壳水平运动的作用下，盆地山脉都成西南—东北方向排列，以川东一带地势最高，华蓥山最高峰海拔约 1800 米，成为盆地中的最高点。

盆地中部丘陵和缓起伏，面积几乎占盆地一半以上，形成一个丘陵性盆地。成都平原位于盆地的西部，它是一个由于地壳不断下沉和河流夹带的泥沙长期堆积而成的扇形冲积平原。平原上河渠交错，灌溉便利，是四川盆地的精华所在。两千多年前，为了防洪和灌溉，在成都平原岷江上游利用地形特点，修建了著名的都江堰水利工程。

四川盆地除了成都平原的冲积土以外，在广大丘陵地区，满山遍野都是一片紫红色的土壤。这种土壤是从紫红色的砂页岩风化而来的，含有植物所需要的磷、钾等矿物养料，是中国南方最肥沃的土壤之一。但因这种土壤质地比较疏松，而盆地中的降水又十分丰沛，再加上多丘陵地形，在缺乏植被保护的地方，容易造成水土流失。长期以来，四川人民为了防止水土流失，于是修筑了许多梯田。

四川盆地由于经历过由陆地到海盆，由海盆到湖盆，然后又由湖盆转变成为陆盆的历史，所以在盆地中沉积了丰富的煤、铁、盐、天然气和石油等矿藏，再加上盆地内温暖湿润的气候，精耕细作的肥沃土壤，使得被誉为"天府之国"的四川盆地不仅是中国重要的稻、麦、玉米等粮食丰产区，还盛产甘蔗、棉花、蚕丝、茶叶、油菜、药材和水果。中华人民共和国成立后，这里的钢铁、机器制造、化工等重工业和许多轻工业也得到了迅速发展。如今，四川盆地正在建设成为中国内地的一个重要的现代化的工农业生产基地。

▶知识窗

大多数盆地都是在地壳运动的作用下，岩层受到挤压或者拉伸，产生断裂、隆起，部分岩层下降，就形成了盆地的最初形式。我国的四川盆地、塔里木盆地、准格尔盆地都遭遇过海水的淹没，大量的生物被埋没在河水的淤泥中，经过长期的沉淀，就形成了石油、煤炭等丰富的资源。也有一些盆地是由于地表外力作用形成风力侵蚀或河流侵蚀性盆地，在中国的云贵高原和广西等地，还存在一些石灰岩发育而成的盆地。

|拓展思考|

1. 我国著名盆地有哪些？
2. 盆地有什么经济价值？

一望无际的平原

Yi Wang Wu Ji De Ping Yuan

一般地表起伏比较小，并且地势平缓，其相对高度一般不超过 50 米的地形被称为平原。平原依海拔高度又可分为两类：一种是海拔在 0 米～200 米的低平原，如低平原多分布在沿海和盆地底部；一种是海拔在 200 米～500 米之间的高平原。

◎中国的平原

在陆地地形中，平原占有特殊重要地位，由于其地表起伏微缓，坡度变化小且比较平坦，因此对农业的生产也提供了比较有利的条件。所以，只要气候适宜，通常农作物的重要产区和人文荟萃的地方就在平原地带。

我国的平原占国土面积的 1/10，其面积占到了约 112 万平方千米。由江河湖海的泥沙堆积而成的这些平原，由于它的地势坦荡，水网稠密并且土壤肥沃，所以它成为了中国重要的农耕地区。中国的平原面积相差很大，相差可以达到几十倍或几百倍。有的大平原面积可达 30 多万平方千米，而有的小平原只有几十到几千平方千米。

平原在中国分布很广，从北向南分为东北大平原、华北大平原和长江中下游平原。另外，还有很多面积较小的河口三角洲平原分布在东南丘陵和岛屿的沿海地带，如著名的珠江三角洲平原和中国台湾的西部平原。

◎东北平原

在中国的平原里，东北平原有很多优点，东北平原面积是最大的，地势是最高的，土质以东北平原的黑土最肥。东北平原的面积约有 35 万平方千米，南北长约 1000 多千米，东西最宽处约 400 千米，位于大小兴安岭和长白山地之间。

东北平原山环水绕，沃野千里。东北平原又称为松辽平原，北起嫩江中游，南至辽东湾。东北平原是由三部分组成，北部叫松嫩平原，南部是辽河平原，东北部是三江平原。东北平原的主体是由南北两块平原组成松辽平原。松花江和嫩江冲积成的松辽平原由于地面平坦，因此，海拔多是在 200 米以下。以平原来说，东北平原的地势是偏高的。

104

三江平原是一个低洼的平坦平原。在以前，三江平原是在地形上是一个山间盆地，每到雨季，就会有洪水流向这个排水不好的低洼原野，从而造成了江水泛滥。由于这个地区纬度较高，冬季时间较长，气温也较低，所以蒸发微弱，这就会使地面上的积水无法蒸发，无法向下渗，更加无法排出去。从而使常年累月的积水变成了中国有名的沼泽地，成了人迹罕至的"北大荒"。

　　冬季的东北平原比较寒冷，不过，在夏季时却很热。虽然平原上沼泽比较多，但是土壤里有很充足的水分。因此，在中华人民共和国成立后，有大批的转业军人、知青和干部响应国家的号召，纷纷奔向东北平原，排干沼泽，开垦荒原，使以前人迹罕至的"北大荒"变成中国主要的粮食基地之一。

◎华北平原

　　华北平原是中国第二大平原，它的总面积大约有 31 万平方千米。它西起太行山和伏牛山，东到黄海、渤海和山东丘陵，北依燕山，西南到桐柏山和大别山。

　　黄河、淮河、海河等河流带来的泥沙逐渐向东冲积，从而形成了华北平原，华北平原又称黄淮海平原。华北平原以黄河为界，分为两个部分，南部叫黄淮平原，属淮河流域；北部叫海河平原，属海河流域。

　　黄河、海河和滦河等河流由西部和北部山地和平原上流出来，挟带着黄土高原冲刷下来的大量泥沙，在山前堆积起来，形成了一系列冲积扇。

※　华北平原

冲积扇的海拔一般在50米以上，由于其地势高，坡度比较大而且易排水，因此有利于农业生产。在河北、河南两省的一些比较古老的城市大多分布在这条地势较高的冲积扇带上。

黄土高原由于有黄河的经过，土质疏松，挟带的泥沙最多，所以形成冲积扇规模也是最大的，并且地势也高，横于华北平原的中部。所以说，以黄河冲积扇为中心的华北平原的地势向东、南和北方向微微倾斜。地势更为低平的冲积平原处在冲积扇带的外缘，海拔一般只有30米左右。临近海岸的地方就是滨海平原，也就是冲积平原的外围，是由河流的三角洲相连而成。华北平原上多低洼地，凡是冲积扇与冲积扇之间，河流与河流之间，都是地势比较低洼、湖沼较多的地区。

在很长一段时间里，洪水、内涝、和干旱，特别是春旱以及盐碱和风沙等自然灾害一直危害着华北平原，但是在中华人民共和国成立后，华北平原的人们治水患，改造黄河，使华北平原发生了巨大的变化。

◎长江中下游平原

长江中下游平原内港汊纵横，湖泊密布，所以被称之为"水乡泽国"。长江中下游平原的总面积约20多万平方千米，它是由长江及其支流所夹带的泥沙冲积而成，由于地势低平，绝大部分的海拔高度都在50米以下。在长江三峡以东的中下游沿岸带状平原，北接淮阳山，南接江南丘陵。湖北江汉平原、湖南洞庭湖平原和江西鄱阳湖平原都属于中游平原。而安徽长江沿岸平原和巢湖平原以及江苏、浙江和上海之间的长江三角洲都属于下游平原，而且长江三角洲的地面高度已在10米以下。

在三角洲的发展过程里，长江三角洲的主体是长江南岸以太湖为中心的太湖平原，它就像是一只大盘碟。在它的边缘地带是古沙堤及其以东的陆地，由于地势较高，因此一般是4米～6米的地面高度；在盘碟的底部是古太湖基础上淤积的陆地和残留下来的大小湖泊，而仅有2米～3米的高度，有的甚至还没有到2米。

坚硬的岩石组成的孤山残丘零散地分布在坦荡的长江三角洲平原上，如无锡的惠山、苏州的天平山、常熟的虞山、南通的狼山、松江的佘山和天马山等。它们像大海中的孤岛，兀立在平原之上，挺立在太湖之中，有的成为花果山，有的已辟为游览区，如太湖的洞庭西山和洞庭东山。

◎珠江三角洲

珠江三角洲处在中国广东省东部沿海，是由西江和东江冲积的三个小三角洲形成的，它又简称珠三角。它的面积约有 1 万平方千米。三角洲呈倒置三角形，底边是西起三水市、广州市东到厂龙为止的一线，顶点在崖门湾。

三角洲地面的起伏相对比较大，在它的周围是丘陵、山地和岛屿，占了 30% 的面积。它的中部是平原，分布在广州市以南、中山市以北、江门以东、虎门以西。西江和北江三角洲占了其中的 1/10，约有 160 多个基岩残丘分布在三角洲上。珠江在每年的总沙量只有 1 亿吨，因此其含沙量不多。由于多岛屿的浅海湾有利于泥沙滞积，因此，三角洲的发展比较快。

珠江三角洲的地势虽然低平，但也是有起伏的。由于有的地方地势低洼，聪明的劳动人民因地制宜将其改成了养鱼塘，然后还用塘里挖出的泥堆堆成了基堤，在基堤上种桑、甘蔗或果树，充分的利用土地，因此，被当地又称为"桑基鱼塘""蔗基鱼塘"和"果基鱼塘"。在基堤上种植养蚕，蚕的粪便又可作为鱼的饵料，而鱼塘里的泥又可以当成果、桑树木的上等肥料。这样的堤上堤下的良性循环，让农、林、渔业紧密的结合，相互促进，从而形成共同繁荣发展的局面，形成了良性的生态环境，真是一举多得。

▶ 知 识 窗

淡水湖是以淡水形式积存于地表上的湖泊，可分为封闭式和开放式两种。封闭式的淡水湖大多位于高山或相当内陆区域，没有明显的河川流入和流出，开放式则完全不同，湖中有岛屿，并且有多条河川流入、流出，这样淡水湖中的盐分就会就大大降低了。

中国主要的六大淡水湖包括鄱阳湖、洞庭湖、太湖、微山湖、洪泽湖、巢湖。这些湖泊主要分布在长江中下游平原、淮河下游和山东南部。在这一带，淡水湖泊的面积约占全国湖泊总面积的三分之一。

| 拓展思考 |

1. 中国有哪几大平原？
2. 平原海拔范围为多少？

荒芜干旱的戈壁

Huang Wu Gan Han De Ge Bi

所谓戈壁，指的就是世界上巨大的荒漠与半荒漠地区之一，绵亘在中亚广阔的土地上，跨越蒙古和中国广袤的空间。戈壁很多地区并不是沙漠，而是裸岩。向北能够达到阿尔泰山和杭爱山，向东能够达到大兴安岭，而向南能够达到北山山脉。从戈壁东界算起，向西1600千米之外为新疆地区，是一个被南面的西藏高原和北面的天山山脉所包围的巨大盆地。这一荒漠占据长1609千米、宽483千米~966千米的广阔弧形地带，面积大约是13万平方千米。在我国，戈壁的界限北达阿尔泰山和杭爱山；东达大兴安岭西缘；南达阿尔金山、北山和阴山；西达东天山。

◎戈壁的类型

根据戈壁地表的组成物质来进行划分，可以把它分为两种，分别是岩漠、砾漠两种。所谓岩漠，指的是地表岩石裸露或仅有很薄的一层岩石碎属覆盖的山麓地带，分布在周围及内部山前面积不大。比如马鬃山、雅布赖山、贺兰山、罕乌拉山、巴彦乌拉山的山前地带，砾漠地表为砾石覆盖，砾石大小不等，在石漠的外围地带面积广大，强劲的风力，会把微小的颗粒吹走，然后留下来的都是粗大的砾石，砾石大多最后形成风棱石，它的上面会覆盖一层坚硬平滑的黑褐色荒漠漆皮。以岩漠和砾漠组成的荒漠戈壁面积很大，它的分布范围通常只在阿拉善巴丹吉林腾格力、乌兰布和三大沙漠的外围。

◎戈壁的自然特征

1. 常年少雨或无雨，每年的平均降水量通常不少于250毫米，降水是阵性，越向荒漠中心越少。

2. 气温、地温的日较差和年较差大，通常多晴天，日照时间长。

3. 风沙活动频繁，地表干燥、裸露，沙砾易被吹扬，常形成沙暴，冬季更多。荒漠中在水源较充足地区会出现绿洲，具有独特的生态环境，利于生活和生产。

戈壁的地形是怎样呢？它是由西部的嘎顺戈壁、准噶尔戈壁和外阿尔泰戈壁与中部和东部的东戈壁（即蒙古戈壁）以及南部的阿拉善沙漠组成。

嘎顺戈壁西以天山支脉为界，南以北山为限，海拔高达 1524 米。呈缓和的波状起伏，带有复杂的迷宫似的宽阔凹地，而凹地又为有时高出平原 90 多米的平顶小丘和岩石山脊所隔开。虽然盐沼处于封闭的凹地之中，荒漠却多石无水。土壤是灰褐色而且还含有石膏。

外阿尔泰戈壁，它的北面和东面分别是蒙古阿尔泰山和戈壁阿尔泰山的支脉，南面是北山。平原隆起，峭拔而崎岖。延伸到平原上达 10 千米的辽阔山区，挨着平原和低矮圆形的丘陵群。这些山是贫瘠的，并为干谷所破碎。外阿尔泰戈壁的西段也基本是平原，但上面散布着小块的隆起地区，并为干河床所切割，此外还有阔大的盐沼。在中部，这种破碎程度有增无减，台地（顶部平坦侧面陡峭的丘陵）和干沟一道出现，末端为平坦的凹地，上面覆盖着黏土层。外阿尔泰戈壁是焦干的，每年的平均降水量不到 100 毫米，奇怪的是地下始终有水。但是，这里其实并没有井和泉，植被也非常稀少。

准噶尔戈壁位于嘎顺戈壁的北面，蒙古阿尔泰山东部支脉与天山最东端之间。它和外阿尔泰戈壁很类似，边缘被沟壑、丘陵和低矮山脊所破碎。

阿拉善沙漠的位置处于中国北面的蒙古边界、东面的黄河与贺兰山、南面的祁连山与西面的黑河北段之间。它是由一广阔的几乎荒芜的平原所组成的，地势也是从西北向东南升高。在这一大片辽阔的沙漠上，大片地区被沙子覆盖。

东戈壁具有与西部地区类似的特征，海拔高度在 701 米～1524 米之间，但其降水量却稍多一些，达到每年 203 毫米，但其实却没有河流。地下水很丰富，只有部分矿化。地下水还接近地表，为小湖和泉提供水源。但是，植被却是稀疏的，主要由粗糙的灰褐色土壤中的蒿草构成。在潮湿的凹地，常见盐沼和草泽。在北部和东部的外围地区，有着很大的降水量，荒漠景观渐渐变得不再那么严酷，有时甚至像大草原似的。

◎戈壁的自然气候特征

对于戈壁来说，它的气候是极端大陆性的和干燥的：冬季寒冷，春季干冷，夏季温暖。年气温升降幅度很大，1 月份平均低温可以达到 −40℃，而 7 月份平均高温则可攀升到 45℃；日气温升降幅度也可十分巨大。每年的总降水量从西部的不足 76 毫米到东北部的 203 毫米多不等，夏季降水量最大。和它相似的季风状况还存在于东部地区，而北风和西北风则主要盛行于戈壁。

1. 水系和土壤。在荒凉的戈壁荒漠中，水系组成主要是地下的，地面几乎没有河流常流。山地水流局限于戈壁边缘，就算是这个样子，当它们流入松散的土壤或多盐的、封闭的凹地时也会快速干涸。在那里，很多河流都只在夏季有水。而非常奇怪的是，在有的地方地下水却分布很多，水质足以胜任畜牧。

除此之外，戈壁土壤也是与众不同的，它主要是灰褐色与褐色的碳质土（富于碳）、石膏土（含有石膏）、粗砾石土，并且往往与多沙盐沼和黏土相结合。

2. 植物。在茫茫戈壁上，植物非常稀少。在高原和山下的平原上，有灌木似的矮小植被。在盐沼，也以盐生植物类为主；在沙漠生长着沙蒿和稀疏的多年生及一年生草本植物。在半荒漠地带，植被较为丰富，属于草本植物类和蒿类。在戈壁阿尔泰山和其他高山，荒漠草原完全覆盖了较低的山坡，而在较高的部分，则有羽草草原的山地变体。

3. 动物。不过有趣的是，在这样恶劣的环境中，动物的种类却是很多的，诸如野骆驼、蒙古野驴、詹兰羚羊和捷尔伦羚一类的大型哺乳动物。普尔热瓦尔斯基氏野马曾经广泛分布于荒漠西部地区，如今在野外生存的大多都已经灭绝。另外，还有一些啮齿类动物，主要包括旱獭与囊鼠，此外还有少量爬虫类。

▶ 知识窗

戈壁是如何形成的呢？它通常是荒漠中的吹蚀区中的各类沉积物，比如山前洪一冲积平原面上的洪积物、冲积物，冰川、冰水平原上的冰碛物和冰水堆积物以及基岩经强烈风化后的碎屑残积物等，经过强劲的风力作用，细粒砂与粉尘被吹掉，留下粗大的砾石，成片覆盖于地面形成砾漠。在中国的甘肃玉门一带很典型。通常，砾漠中的砾石会在风挟带起的沙的磨蚀之下，逐渐形成具有棱角的风棱石，这些风棱石的表面布满了褐色的铁锰氧化物壳，人们把这个壳称为荒漠漆。这种物质是砾石中的水分蒸发的时候所溶解的矿物质沉淀于砾石表面而形成的。

拓展思考

1. 中国哪个戈壁最有名？
2. 戈壁里生活的植物都有哪些特点？

青少年应该知道的地理百科知识

世界地理之最

界地理之最

SHIJIEDILIZHIZUI

第四章

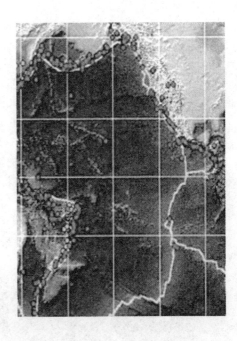

海洋之最

Hǎi Yang Zhi Zui

◎最大最深的海

　　世界上最大的海是在太平洋的一个边缘海，名叫珊瑚海，它的南部与太平洋另一边缘海斯曼海邻接，北缘和东缘为新不列颠岛、伊里安岛、所罗门群岛、新布里底群岛等包围的；西缘紧靠澳大利亚大陆东北岸。比世界上第二个大海阿拉伯海还要大 1/4，珊瑚海又被叫做所罗门海。

　　珊瑚海以海中发达的珊瑚礁构造闻名于世，珊瑚海的名称也是由此而来的。它的海底大致由西向东倾斜。交错于海盆、浅滩和海底山脉，有不少地方海深约 3000 米～4500 米。海水总体积达 1147 万立方千米，比阿拉伯多 9％，也比我国东海体积大了 43 倍。

　　在广阔无垠的地球表面有 70％的地表为水所覆盖，因此地球又被称

※ 珊瑚海

之为"水行星"，而这 70％ 的水大部分为大洋，大海仅是其中的一部分。在全球的大海中，面积大小、水体深度等都各不相同，其中面积最大、水体最深的海要数位于南太平洋的珊瑚海。珊瑚海中生活着成群结队的鲨鱼，所以，珊瑚海又被人们称之为"鲨鱼海"。

珊瑚海总面积达 479.1 平方千米，从地理位置看，它是南太平洋的最大的一个属海。珊瑚海的海底地形大致由西向东倾斜，大部分地方水深 3000 米～4000 米，最深处则达 9174 米，因此，它也是世界上最深的一个海。珊瑚海地处赤道附近，因此，它的水温也很高，全年水温都在 20℃ 以上，最热的月份甚至超过 28℃。在珊瑚海的周围几乎没有河流注入、这也是珊瑚海水质污染小的原因之一，这里海水清澈透明，水下光线充足便于各种各样的珊瑚虫生存。同时海水盐度一般在 27‰～38‰ 之间，这也是珊瑚虫生活的理想环境，所以不论是在海中的大陆架，还是在海边的浅滩到处都有大量的珊瑚虫生殖繁衍。长久以来，逐渐发育成众多的形状各异的珊瑚礁，这些珊瑚礁在退潮时，会露出海面，形成一派热带海域所独有的绚丽奇观。

珊瑚礁在珊瑚海中的分布几乎到处可见，在这些珊瑚礁中最大的要数大堡礁，它如同巨大的彩环漂浮在海水中。同时，礁石的周围往往会有许许多多色彩鲜艳、丰富、活跃的各种生物在飘动，与色彩斑驳的珊瑚礁相映衬，呈现出一个光怪陆离的童话世界。

◎最小的海

马尔马拉海东西长 270 千米，南北宽约 70 千米，面积为 11000 平方千米，是世界上最小的海。

马尔马拉海位于亚洲小亚细亚半岛和欧洲的巴尔干半岛之间，是欧亚大陆之间断层下陷而形成的内海。海岸陡峭，平均深度 183 米，最深处达 1355 米。原先的一些山峰露出水面变成了岛屿。岛上盛产大理石，希腊语"马尔马拉"就是大理石的意思。海中最大的马尔马拉岛，也是用大理石来命名的。

※ 马尔马拉

马尔马拉海东北端经博斯普鲁斯海峡通黑海，西南经达达尼尔海峡通地中海和大西洋，是欧、亚两洲的天然分界线，地理位置十分重要。

◎最热的海

红海位于亚、非两洲之间，它是世界上水温最热的海，同时也是最年轻的海，它是一个面积45万平方千米，长2100千米，平均宽约290千米的深海，平均深度为558米，最深处达2740米。

※ 红海

红海最引人注目的地方莫过于它的"热"了，地球海洋表面的年平均水温是17℃，而红海的表面水温8月份可达27℃～32℃，即使是200米以下的深水，也可达到约21℃。在红海深海盆中，水温竟高达60℃！

红海地处北回归高压带控制的范围，腹背受北非和阿拉伯半岛热带沙漠气候的影响，导致气候终年干热，所以水面总是热乎乎的。海底扩张使地壳出现了裂缝，岩浆沿裂缝不断上涌，海底岩石就被加热了，所以海水底部水温特别高。

◎最浅的海

亚速海是乌克兰和俄罗斯南部海岸外的内陆海，向南通过刻赤海峡与黑海相连，形成黑海的向北延伸。亚速海大概长为340千米，宽135千米，面积约37600平方千米。顿河、库班河和许多较小的河流注入其中。亚速海平均深度8米，最深处也只有14米，是世界上最浅的海。由于顿河和库班河夹带大量泥沙，致其东北部塔甘罗格湾水深不过1米。由于这些大河的流入导致了海水盐分很低，在塔甘罗格湾处几乎是淡水。海底地形普遍平坦，西、北、东岸均为低地，它的独特之处在于是漫长的沙洲，很浅的海湾，南岸大都是起伏的高地。由于海水浅，混合状态极佳且温暖，河流也带来大量营养物质，因而海洋生物丰富，沙丁鱼格外多。亚速海的客货运量都很大，主要港口为塔甘罗格、马里乌波尔、叶伊斯克和别尔江斯克。

青少年应该知道的地理百科知识

※ 亚速海

◎最脏的海

　　世界上最大的内海是地中海，同时地中海也是世界上最脏的海。每年倒入地中海的废水达 35 亿立方米，固体垃圾 1.3 亿吨。最为严重的是邻海 18 个国家 58 个石油港口装卸石油时给海水带来了严重石油污染。

　　有学者提出，每年总有 40 万吨石油产品有意或无意排入地中海，每千米海底上都残留有 1900 多种人类活动产生的垃圾。

　　巴塞罗那大学生态学教授琼·罗斯在接受媒体采访时说，"从地中海中捕捞出来的鱼类和海产品经过化验都遭到了污染。"另一位海洋环境专家理查德·阿古拉认为，地中海中的一些海产品，尤其是金枪鱼和剑鱼体内都残留有对人体有毒的物质。

　　研究指出，地中海近些年受到严重"虐待"，生活垃圾和工业废品的肆意倾倒使当地海域脏乱不堪。特别是地中海西北部，邻近西班牙、法国和意大利的区域，因为是旅游热点地区，加上频繁的货运交通和过度捕捞，使得当地海域受污染现象严重，给生态环境带来了压力。

　　据了解，积聚在全球海底的垃圾大约有 650 万吨，相当于每平方千米内有 2000 片塑料垃圾。目前为止，垃圾最集中的地区在地中海。

　　海底垃圾大多都是塑料瓶、高尔夫球、金属盘子、刀叉、牙刷和钓具等等。"毫无疑问，我们把这些垃圾倒进了海洋。"绿色和平组织的主管马

※ 地中海

里奥·罗德里格兹说，"很明显，许多垃圾是人为丢进海里的。在旅游旺季结束后，大约每年的 9 月和 5 月，人们会发现，海滩、林荫小道或是宾馆边，满眼都是垃圾。"

西班牙一个环保组织的研究也预测到，未来随着全球变暖将会给地中海沿岸地区带来飓风，这可能引发频繁海啸。也就是说，这些垃圾也许会被卷到地面上来。

"那些不易被分解的垃圾被冲上了沙滩，占垃圾总量的 15%。70% 的垃圾仍然堆积在海床，剩下的 15% 漂浮在水中。"罗德里格兹说。

绿色和平组织西班牙分部负责海洋事务的发言人塞巴斯蒂安·罗沙达说："这给我们提出了一个严峻的考验。这些垃圾在海底至少要经过450 年才能被分解掉，而现在摆在我们面前的问题就是，要尽快地处理掉这些垃圾，但很显然，这是非常困难的一项工作。"

◎最古老的海

打开世界地图，就可以看到，在欧、亚、非洲之间有一个海，就是地中海。它是世界上最大的陆间海。它的东西长约 4000 千米，南北宽约1800 千米，面积约 250 多万平方千米。地中海西边有 21 千米宽的直布罗陀海峡，穿过它就到大西洋；东边可以通过苏伊士运河进印度洋，东北部通过达达尼尔海峡、博斯普鲁斯海峡，与黑海相连。地中海的属海有伊奥尼亚海、亚得里亚海、爱琴海等。意大利半岛、西西里岛、突尼斯和它们之间的水下海岭，把地中海分成东西两半。地中海沿岸国家有：阿尔及利

※ 地中海

亚、突尼斯、利比亚、埃及、以色列、黎巴嫩、叙利亚、土耳其、希腊、阿尔巴尼亚、南斯拉夫、克罗地亚、意大利、西班牙、法国、葡萄牙和摩洛哥等。

地中海的气候独特，一般夏季干热少雨，冬季的时候温暖湿润，这种气候使得周围河流冬季涨满雨水夏季干旱枯竭。世界上这种类型气候的地方很少，据统计，只有不到 2% 的地方会出现这种气候。由于这里气候特殊，德国气象学家柯本在划分全球气候时，把它专门作为一类，叫地中海气候。

尽管有诸多的河流注入地中海，如尼罗河、罗纳河、埃布罗河等，不过由于它处在副热带，蒸发量太大，这就造成蒸发量远远超过了河水和雨水的补给，使地中海中的水，收入的不如支出的多，海水的咸度比大西洋高得多。大西洋的水，由直布罗陀海峡上层流入地中海，地中海的高盐水，从海峡的下层流入大西洋。大西洋很大，水量充足，净流入地中海的水很多，每秒钟多达 7000 立方米。要是没有大西洋源源不断地供水，据计算大约在 1000 年后，地中海就会干枯，变成一个巨大的咸凹坑。

现在看来，地中海是大西洋的附属海。可是，在地质史上，它比大西洋的"资格"还老。大约在 6500 万年以前，古地中海是一个辽阔的特提斯海。它的范围很大，向东穿过喜马拉雅山，直通古太平洋。那时，它仅次于太平洋，大西洋还没形成呢！

后来，北面的欧亚板块与南方的印度板块漂移并靠近，撞在了一起，挤出一个喜马拉雅山，特提斯海从此便退缩成现在的地中海。

▶ 知 识 窗

地中海沿岸，是航海文明的发祥地之一。腓尼基人、克里特人、希腊人以及后来的葡萄牙和西班牙人，都是航海业很发达的民族，许多伟大的航海家诞生在这里。发现美洲的哥伦布、打通大西洋与印度洋航线的达·伽马、第一次环球航行的麦哲伦，都是杰出的代表。同时，著名的欧洲文艺复兴运动，也是在这里首先发起。日心说的创始人哥白尼、伟大的物理学家伽利略也诞生在这里。这里的人民为人类近代科学文明的进步，作出过重要贡献。

拓展思考

1. 你还知道其他海洋之最吗？
2. 海洋是如何形成？

青少年应该知道的地理百科知识

陆地之最
Lu Di Zhi Zui

◎大陆上最低的地方

西亚约旦河所流经的谷地，地势非常低洼，不少地方低于海平面 300 米。在希伯来文中"约旦"即为"下降"之意。约旦河谷尽头的死海，更是世界低地之最，这里的水面低于海平面 397 米。由此可以看出它的地理位置有多低。

※ 约旦河东岸

死海南北长约 82 千米，东西最宽 18 千米，面积达到了 1049 平方千米。平均深度为 146 米，最大深度为 395 米。因为死海最深的底部在海平面以下 792 米。死海淹不死人，因为湖水中含盐量大。使水的比重超过人体的比重，就像木块漂浮在水上，不会下沉。

◎平均海拔最高的大陆

南极洲是世界上平均海拔最高的的大陆。南极洲是地球上最冷的大陆，不过冬季极端气温很少低于－40℃，目前为止世界上最低的气温记录是－88.3℃，这一记录是在 1960 年 8 月 24 日由苏联的东方站所测定。

南极洲的风独具个性，冷空气从大陆高原上沿着大陆冰盖的斜坡急剧下滑，形成近地表的高速风。风向不变的下降风将冰面吹蚀成波状起伏的沟槽，风速超过 15 米/秒时会形成暴风雪，那时一般都伸手不见五指。

南极洲同时也是地球上最干燥的大陆，几乎所有降水都是雪和冰雹。极地气旋从大陆以北顺时针旋转，以长弧形进入大陆，除西南极的低海拔地区以外，这些气流很难进入大陆内部。但是，在气旋经过的南极半岛末

119

※ 南极洲

端（包括乔治王岛），年降水则特别丰富，可达 900 毫米。

南极大陆 98% 的地域终年为冰雪所覆盖，冰盖面积约 200 万平方千米，平均厚度 2000 米～2500 米，最大厚度为 4800 米，它的淡水储量约占世界总淡水量的 90%，在世界总水量中约占 2%。如果南极冰盖全部融化，地球平均海平面将升高 60 米，我国东部的经济特区将被淹没在一片汪洋之中。

南极洲最值得一提的是没有土著居民，也没有发现任何古人类活动的痕迹。目前为止，南极洲没有工厂、农田，靠当地的自然资源与环境，人类无法在南极生存。

南极洲奇观："乳白天空"是极地的一种天气现象，也是南极洲的自然奇观之一。它是由极地的低温与冷空气相互作用而形成的。当阳光射到镜面似的冰层上时，会立即反射到低空的云层，而低空云层中无数细小的雪粒又像千万个小镜子将光线散射开来，再反射到地面的冰层上。如此来回反射的结果，便产生一种令人眼花缭乱的乳白色光线，形成白蒙蒙雾漫漫的乳白天空。这时，天地之间浑然一片，人和车辆、飞机仿佛融入浓稠的乳白色牛奶里，一切景物都看不清楚，方向难以判别。在这种情况下人的视线会产生错觉，分不清近景和远景，也分不清景物的大小。严重时还能使人头昏目眩，甚至失去知觉而丧命。

乳白色天空是极地探险家、科学家和极地飞行器的一个大敌。如果一不小心碰到它，那是很危险的，正在滑雪的滑雪者会突然摔倒，正在行驶的车辆会突然翻车肇祸，正在飞行的飞机会失去控制而坠机殒命。这样的惨痛事件，在南极探险史和考察史上是屡见不鲜的。1958年，在埃尔斯沃恩基地，一名直升飞机驾驶员就因遇到这种可怕的坏天气，顿时失去控制而坠机身亡。1971年，一名驾驶飞机的美国人，在距离特雷阿德利埃200千米的地方，遇到了乳白天空，突然失去联系，一直下落不明。

乳白天空虽然对人类在南极的活动构成危险，但只要事先进行有针对性的训练，有安全防范措施，也是可以避免的。一旦遇到它随即绕道躲开；正在野外活动的人和车辆则应待在原地不动，注意保暖，耐心等待乳白天空的消失，或等待救援人员前来营救。

◎最平坦的大陆

澳大利亚是世界上最平坦的大陆。澳大利亚位于大洋洲，被太平洋和印度洋包围，阿拉弗拉海、卡奔塔利亚湾，托里斯海峡在北面冲刷着澳国大陆东有珊瑚海，南有贝斯海峡，西为印度洋。澳大利亚是个岛国，面积为774万平方千米，澳大利亚的海岸线长达36 700千米，人口大约1 800万。

在世界各大洲中，澳洲是最低、最平坦的大陆。同时，除了南极洲之

※ 悉尼歌剧院

外，它是最干旱的大陆。如果按照气候带划分，那么澳大利亚的北部为热带，中部为辽阔的干旱地带，南部为温带。

澳大利亚的人口密度非常小，每平方千米平均只有两个人。人口主要集中在城市。绝大部分人居住在两个沿海地区，一个是从南澳大利亚起，经过维多利亚、塔斯马尼亚和新南威尔士州直到昆士兰州的东南沿海地区，另一个是西澳大利亚州的西南部沿海地区。在这两个地区，人们集中居住在中心城市，70%以上是在州和地区的 8 个首府以及其他有 10 万或 10 万以上人口的 6 个大城市。

澳大利亚人口出生率较低，平均每一妇女的生育率为 1.85。但是和欧洲、北美一些发达国家及日本相比较，出生率仍较高。同时，澳大利亚属于死亡率最低而平均寿命最长的国家。

◎世界上最干旱的地方

阿塔卡马沙漠是世界上最干旱的地方。南美洲智利北部的沙漠，沿太平洋海岸南北伸展约 1100 千米。气候极端干燥，年降水量在 50 毫米以下，阿塔卡吗沙漠经常连续几年无雨。硝石和铜藏量丰富，有世界最大的丘基卡马塔露天铜矿。

南美洲智利北部的沙漠，位于南纬 18°～28°之间，南北大概长度在 1100 千米，从沿海到东部山麓宽 100 多千米。在副热带高气压带下沉气流、离岸风和秘鲁寒流综合影响下，使本区成为世界最干燥的地区之一，而且在大陆西岸热带干旱气候类型中具有鲜明的独特性，形成了沿海、纵向狭长的沙漠带。气候极端干旱，少雨多雾；相对湿度较高，可达 70%以上；年雨量一般在 50 毫米以下，北部尚不到 10 毫米，而且变率非常大；有些地方曾经许多年不下雨。铜和硝石藏量丰富，南回归线北侧的楚基卡马塔有世界著名的露天大铜矿，北部沙漠区有闻名世界的天然硝石矿。

一次干旱竟然可以延续 400 年的时间，这种情况让人难以想象，但这的确曾发生在智利阿塔卡马沙漠的部分地区。这些地区自 16 世纪末以来，于 1971 年首次下了雨。位于阿塔卡马沙漠北端的阿里卡从来不下雨。它已成为一个闻名的度假地，靠引安第斯山脉的管道水来供水。

阿塔卡马沙漠从智利与秘鲁交界处向南延伸约 960 千米，地势一般比海平面要高得多，平均为 610 米。它由一连串盐碱盆地组成，几乎没有植物。

阿塔卡马沙漠为什么如此干燥呢？一部分原因在于来自南极寒流产生

※ 阿塔卡玛沙漠

了很多的雾和云，但并没有降雨；另外一部分原因是东面的安第斯山脉就像一道屏障，挡住了来自亚马逊河流域可能形成雨云的湿空气。

　　阿塔卡玛沙漠早期居住的人在地上作画，用深暗色的石子嵌在沙中作出动物、人物以及几何形状，最大的一幅画是伊基史附近的阿塔卡马巨人画，占用山坡达 120 米长，没有人知道作这些画的用意。从很远的地方都能看到这些画，从空中看更为清楚。

◎世界上最炎热的地方

　　撒哈拉大沙漠是世界上最热的地方。撒哈拉，阿拉伯语意即大荒漠。位于非洲北部，西自大西洋，东进尼罗河，北起阿特拉斯山脉，南至苏丹，南北纵贯 1061 千米、东西 5150 千米，面积超过 900 万平方千米，是世界上最大的沙漠。位于阿特拉斯山脉和地中海以南，北纬 14°线（250 毫米等雨量线）以北，西临大西洋，东濒红海，横跨西撒哈拉、摩洛哥、阿尔及利亚、突尼斯、利比亚、埃及、毛里塔尼亚、马里、尼日尔、乍得、苏丹等 11 国国境。

　　撒哈拉沙漠几乎占整个非洲大陆的 1/3，大多数人以为撒哈拉是一片沙丘起伏的区域，但实际上它大约只有 1/5 的地方是由沙构成的，其余的地方则是裸露的砾石平原、岩石高原、山地和盐滩。

撒哈拉沙漠属于北非大地台的一部分，由前寒武纪花岗岩、片麻岩、石英岩构成，经长期剥蚀成为起伏不大的准平原化宽阔高原。中部高地东段提贝斯提高原的基底为前寒武纪变质岩，它的上面覆盖有几百米厚的古生代砂岩，其上又广覆以第三、第四纪火山活动时的玄武岩，平均海拔2500米以上，有一系列3000米以上山峰，最高峰库西山海拔3415米；埃及西北部盖塔拉洼地为最低处，也是全洲最低处，在海平面以下133米。西段阿哈加尔高原的基底为古老结晶岩，核心部分由玄武岩、安山岩等火山岩组成，边缘部分由古生代砂岩组成，海拔2000米以上，最高峰塔哈特山海拔2918米。两者之间狭窄而高耸的鞍形部分将撒哈拉大沙漠分为东北和西南两部分，它的地质有着鲜明对比。东北部覆盖白垩纪至第三纪的水平沉积地层，以白垩纪努比亚砂岩面积最大；西南部广泛出露前寒武纪结晶岩基底，局部有早古生代厚砂岩。鞍部高地四周有密集的放射状干河谷，广大平缓地区有许多间歇河谷。古生代以后地壳升降运动使大沙漠呈现多种地貌类型。大沙漠由石漠、砾漠、沙漠组成，它的中部、东部地势较高处多为石漠，由砂岩、灰岩、白垩和玄武岩组成，或岩石裸露或仅有薄层岩石碎屑，有廷盖尔特石漠、哈姆拉石漠、莎菲亚石漠、努比亚沙漠等。砾漠位于石漠和沙漠之间，分布于山前冲积扇地带，如提贝斯提砾漠、卡兰舒砾漠、盖图塞砾漠等。除少数较高山地、高原外、沙漠面积最广，有利比亚沙漠、赖卜亚奈沙漠、奥巴里沙漠、舍什沙漠、朱夫沙漠和阿尔及利亚沙漠等。有固定和半固定的大小沙丘，固定沙丘主要分布在偏南和大西洋沿岸地带，利比亚至阿尔及利亚西部为流沙区。

撒哈拉是典型的热带沙漠气候，气候炎热且干燥，全年平均气温都超过了30℃，最干燥的地区年降雨量一般少于25毫米，有些年份全年无雨。有雨的地方，雨水也在落地之前蒸发到了大气中。温差大是撒哈拉气候的另一大特征，最热的几个月中，温度超过50℃，年平均气温25℃以上，7月平均气温35℃～37℃；冬天气温却会下降到0℃以下，日常的气温变化也在－0.5℃～37.5℃之间。撒哈拉多风，炎热的、满载灰尘的大风是沙尘暴的始作俑者。大部时间刮干热的哈马丹风，年蒸发量相当高，为2000毫米以上，最高可达4500毫米～6000毫米。光照充足，气温年差较大。利比亚阿齐济耶绝对最高气温达58℃，有世界热极之称，多风沙、风暴。

古代的撒哈拉并非黄沙一片，而是一片富庶的土地，河流纵横，大小湖泊星罗棋布，植物茂盛，百花争艳，飞禽走兽出没其间，明显不同于今天风沙遍地的光景。虽然说当地居民从事放牧业，但是他们的绘画和雕刻至今仍能在洞穴中看到。后来气候变化，河流干涸，土壤因无水而龟裂，地上几乎长不出任何东西，这个地区也就变成了沙漠。

除东部有尼罗河纵贯外，全为内流区或无流区。地下水资源丰富，出露点形成绿洲，如锡瓦绿洲、费赞绿洲群、库夫拉绿洲群和图古尔特、古拉拉等绿洲，成为经济发达地区。植物贫乏，仅有旱生和短生植物。绿洲处有些乔、灌木、多椰枣；沙漠南缘有灌丛和硬质禾本科草类。土壤以荒漠土为主，还有石质土、沙土、盐渍土，绿洲有耕作土壤。动物多耐饥渴并能迅跑，如鸵鸟、羚羊、骆驼、鼠类、狐、猸等和爬行动物。有石油、天然气、铀、铁和锰。

◎世界上雨量最多的地方

在南亚孟加拉湾北岸的恒河下游和布拉马普特拉河的下游，即印度东北部、孟加拉国一带，是世界上降水最多的地区之一。

这里由于印度洋上的西南季风带来大量的水汽，造成 6 月～9 月的显著多雨时期。乞拉朋齐位于印度东北部阿萨姆邦，在布拉马普特拉河南侧喀西山地的南坡海拔 1313 米处。喀西山地东西走向，长约 250 千米，高约 1500 米，东端与缅甸西部南北向的那加山和阿拉干山相接，形成一个宽广的向南敞开的漏斗状谷地。暖湿的西南季风涌入这个谷地时，被迫抬升，造成惊人的雨量，年平均降水量可以到达 10935 毫米。据记载，在 1861 年曾达到 20447 毫米，被称为世界的"雨极"或"湿极"。乞拉朋齐

※ 恒河中的印度

离孟加拉湾约300千米，它们中间是一个地势较为低下的陆地，雨季时这里因河水溃决，实际上已变为一片湖泽。由于洪水较暖，西南气流在到达乞拉朋齐之前，先吹拂于积水低地之上，因之包含了大量的水汽，使乞拉朋齐降水猛增。

◎世界上风速最大的地方

南极是世界上风速最大的地方。首先南极是一个没有人类文明历史，没有土著人居住的地方。这是一片尚未被人类占领的净土，纯净的空气，洁白的冰雪，可爱的生物，全部还是人类到来之前的模样。

南极不单单是世界最冷的地方，同时也是世界上风力最大的地区。那里平均每年8级以上的大风有300天，年平均风速19.4米/秒。1972年澳大利亚莫森站观测到的最大风速为82米/秒。法国迪尔维尔站曾观测到风速达100米/秒的飓风，这相当于12级台风的3倍，是迄今世界上记录到的最大风速。南极风暴所以这样强大，原因在于南极大陆雪面温度低，附近的空气迅速被冷却收缩而变重，密度增大。而覆盖南极大陆的冰盖就像一块中部厚、四周薄的"铁饼"，形成一个中心高原与沿海地区之间的陡坡地形。变重了的冷空气从内陆高处沿斜面急剧下滑，到了沿海地带，因

※ 南极大陆

地势骤然下降，使冷气流下滑的速度加大，于是形成了强劲的、速度极快的下降风。

◎最大的地震带

环太平洋地震带是世界上最大的地震带。全球变暖导致的海平面上升，这导致失去冰盖的大陆地壳均衡上升，增高海面的海洋地壳均衡下降，形成新一轮的地壳均衡运动。在球面上，海洋地壳下降，将挤压大陆地壳收缩，陆海边缘是强烈的挤压带。

阿尔卑斯——喜马拉雅地震带与环太平洋地震带几乎是正交的，地震的顺序表明地球表层形变的必然过程，可以通过历史地震记录来寻找规律。南北对称，东西呼应，这是一般规律，一处的破裂为另一处的破裂创造条件。

冬至和夏至的黄赤交角达到最大值23.5°，在冬至这一天，太阳潮的高潮点在南回归线，白天达到最大值，夜间变为最小值；太阳潮的高潮点在北回归线，白天达到最小值，夜间变为最大值，形成半日为周期的最大潮汐的南北摆动。而夏至这一天，太阳潮的高潮点在北回归线，白天达到最大值，夜间变为最小值；太阳潮的高潮点在南回归线，白天达到最小值，夜间变为最大值，形成半日为周期的最大范围的潮汐南北摆动，如果

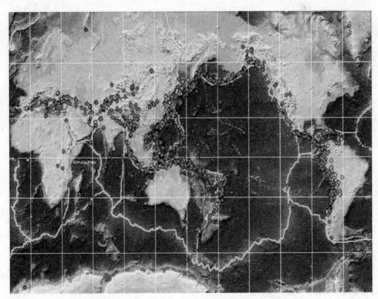

※ 环太平洋地震带示意图

此时月亮的白赤交角也达到最大值 28.6°，且与太阳、地球近似成一线，就会形成最强的潮汐南北摆动，这是强震易发生在冬至和夏至附近的原因。2004 年 12 月 26 日，月亮赤纬角为 27.9°，为日月大潮，为印尼地震海啸提供了较强的潮汐条件；2005 年 6 月 22 日，月亮赤纬角为 28°，为月亮近地潮，23 日为日月大潮，潮汐南北摆动的条件最优，形成强震的机会最大。

其中最具代表性的是：勘查加—日本—菲律宾西南—东北效应带是环太平洋地震带的一部分，也就是西太平洋地震带，

还有美国加利福尼亚地震和智利地震都发生在环太平洋地震带的另一部分——东太平洋地震带。

今后，勘查加—日本—菲律宾—苏门答腊一带的地震活动可能加强，这将为苏门答腊和日本的大震扫清障碍。

◎最大的沼泽地

潘塔纳尔沼泽地是世界上最大的沼泽地。位于巴西境内的世界上最大的沼泽地——潘塔纳尔沼泽地，那里不仅有世界上最大的植物群，还栖息着 1000 多种动物。2000 年 11 月，潘塔纳尔沼泽地被联合国教科文组织列为世界生物圈保护区。

潘塔纳尔沼泽地位于巴西马托格罗索州的南部地区，面积达 2500 万公顷。沼泽地内分布着大量河流、湖泊和平原。其中的湿地、草原、亚马逊和大西洋森林都是南美具有代表性的生态系统。除了丰富的植物资源外，沼泽地内还栖息着 650 种鸟类，230 种鱼类，95 种哺乳动物和 167 种爬行动物，以及 35 种两栖动物。

进入沼泽地之后，首先看到的是一望无际的草场和数不清的白色牛群。紧接着路两旁出现湖泊和河流，五颜六色的飞鸟，趴在水边晒太阳的鳄鱼，还有躲在草丛里乘凉的小动物们。

潘塔纳尔沼泽地是动物的乐园。到了雨季，潘塔纳尔沼泽地就像一片一望无际的海洋，人们可以乘船在植物稀少的地区自由航行。此时，各种飞鸟都飞到退水的地区，采食地上的各种贝类和小虫。无论是地上，还是树上或者蓝天上，到处都是成群的飞鸟。有数据表明，在这块沼泽地上生活着几百种鸟类，既有小小的蜂鸟，又有号称鸟中之王的身体长达 140 厘米的大嘴巨鹳。除飞鸟外，还有 100 多种色彩斑斓的蝴蝶聚集在此，使这块沼泽地变成了一幅美丽的画卷。

沼泽地与森林、海洋并称全球三大生态系统，它有着维护生态安全、

青少年应该知道的地理百科知识

※ 潘塔纳尔

保护生物多样性等功能，所以人们把它叫做"地球之肾"、天然水库和天然物种库。为了保护好"地球之肾"，近年来，巴西政府积极努力，使潘塔纳尔沼泽地列为世界生物圈的保护区，而且他们正在为进一步保护好这块沼泽地进行不懈地努力。

◎最大的半岛

　　世界上最大的半岛是阿拉伯半岛。阿拉伯半岛位于亚洲西南部，与印度半岛、中南半岛并称亚洲三大半岛，东临波斯湾、阿曼湾，南临亚丁湾和阿拉伯海，西隔红海与非洲大陆相望，北与亚洲大陆的分界大致在西起红海东北部的亚喀巴湾北端东至波斯湾的阿拉伯河口一线。南北长 2240 千米，东西宽 1200 千米～1900 千米，面积 322 万平方千米，海拔 1200 米～2500 米。它是古老平坦台地式高原，地势自西南向东北倾斜。除西南端海拔 2700 米～3200 米的也门高地外，仅在西南和东南部有一小部分山地。这里，西岸南段的希贾兹山脉高 1500 米，山峰多为死火山锥，最高峰哈杜尔舒艾卜峰海拔 3760 米。它的中部是无边无际的沙漠，面积约 120 万平方千米，这是半岛总面积的 40%，较大的沙漠自北向南依次为大内夫得沙漠，代赫纳沙漠和鲁卜哈利沙漠，其中以鲁卜哈利沙漠为最大，面积65万平方千米。

半岛地处北纬13°～20°，北回归线横贯其中，属热带荒漠气候，气候干热，大陆性强。年平均气温在20℃以上，绝对最高气温可达50℃～55℃，为世界最热地区之一，最冷月平均气温多在15℃～24℃之间。大部地区年平均降水量还不到100毫米，北部地区冬季因受地中海气候影响，年降水可达200毫米左右，也门高地和南部沿岸山前平原，夏季因受印度洋气流和地形的影响，年降水量可达

※ 骑着骆驼的阿拉伯人

500毫米～1000毫米。因此半岛中部沙漠广布，热带干草原分布于沙漠四周。只有在山前沿海平原和内陆地势低洼及地下水位较高处，才分布有狭窄或零星的绿洲，灌溉农业和牧业相对发达，人口比较集中。较大绿洲有也门高地沿岸狭窄平原，以胡富夫为中心的艾赫萨绿洲，以利雅得为中心的海尔季绿洲等。绿洲中盛产椰枣。南部沿海平原盛产热带作物，如咖啡、橡胶、芒果等。牧业以饲养骆驼为主。波斯湾沿岸盛产石油，有世界油海之称。

沙特阿拉伯、也门、阿曼、阿拉伯联合酋长国、卡塔尔和科威特位于阿拉伯半岛上，其中以沙特阿拉伯为最大。向北阿拉伯半岛临约旦和伊拉克。阿拉伯半岛非常干燥，几乎整个半岛都是沙漠。半岛沿波斯湾周围有大量石油储藏，这些石油阿拉伯半岛上临波斯湾的国家带来了巨大的财富。阿拉伯半岛是伊斯兰教的诞生地，伊斯兰教的创教人穆罕默德在这里出生和生活，而且半岛上的麦加是伊斯兰教的圣地。以阿拉伯半岛为中心的阿拉伯帝国曾横跨欧、亚、非大陆，今天半岛上所有国家都以伊斯兰教为国教。

知 识 窗

　　美国加州帕克菲乐德是一座古怪的小镇，它只有一栋仅一间的校舍，一所县图书馆和一条孤零零的大街。但在一家咖啡馆旁的水塔上却赫然呈现大幅广告：世界上最容易发生地震的地方。

　　过去的150年里，里氏震级约为6级的地震曾平均每隔22年就出现一次。因为该地恰巧坐落在岩质地壳的1290千米长裂缝带，即圣安德烈亚斯断层的上面，而该断层正是加州屡次发生地震的震源。由于这里是研究地震活动的理想场所，因而地震学家都来此进行研究，安置各种仪器、现场观测地面运动、水位、磁场及岩石形变等，以便获取地震的前兆现象。

　　1966年，一次中等强度的地震袭击了帕镇，但至今还未再爆发，看来，上一世纪的22年周期并不等于固定模式。然而，戒备之心不敢放松。就当地的探测设备而论，各种手段依然坚测不撤，严密监视着该地区的地震情况。

　　帕克菲乐德镇上的居民，对经常活动的地震也习以为常，见怪不怪，包括地震演习在内的日常活动一律照常进行。

拓展思考

1. 我国有什么陆地之最？
2. 你知道世界上最小的国家在哪里吗？

海峡之最

Hai Xia Zhi Zui

◎世界最长的海峡

世界上最长的海峡是位于非洲东南莫桑比克与马达加斯加之间的莫桑比克海峡，莫桑比克海峡全长 1670 千米，呈东北斜向西南走向。海峡两端宽中间窄，平均宽度为 450 千米，北端最宽处达到 960 千米，中部最窄处为 386 千米。峡内大部分水深在 2000 米以上，最大深度超过 3500 米，深度仅次于德雷克海峡和巴士海峡。峡内海水表面年平均温度在 20℃以上，炎热多雨，夏季时有因气流交汇而产生的飓风。由于水深峡阔，巨型轮船可终年通航。海峡盛产龙虾、对虾和海参，并以其肉质鲜嫩肥美而享誉世界市场。

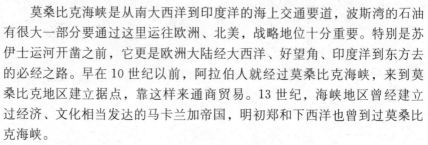

莫桑比克海峡是从南大西洋到印度洋的海上交通要道，波斯湾的石油有很大一部分要通过这里运往欧洲、北美，战略地位十分重要。特别是苏伊士运河开凿之前，它更是欧洲大陆经大西洋、好望角、印度洋到东方去的必经之路。早在 10 世纪以前，阿拉伯人就经过莫桑比克海峡，来到莫桑比克地区建立据点，靠这样来通商贸易。13 世纪，海峡地区曾经建立过经济、文化相当发达的马卡兰加帝国，明初郑和下西洋也曾到过莫桑比克海峡。

由于地理位置的重要性，莫桑比克海峡历来为殖民者所垂涎。从 16 世纪起，葡萄牙、荷兰、法国、英国先后染指该地区，自此以后，莫桑比克和马达加斯加沦为葡萄牙和法国的殖民地。为了扩大殖民利益，葡法两国分别在莫桑比克和马达加斯加修建了大量港口，包括东岸马达加斯加的马任加、图莱亚尔，西岸莫桑比克的马普托、莫桑比克城、贝拉、克利马内等。其中，莫桑比克城更是有着悠久的历史，作为地理大发现和新航路发现时期的古老港口，它曾经在海上交通史上起过重要的作用。从这个港口出发，铁路与非洲内陆的铁路网相连接，可以横贯非洲大陆南部，直抵安哥拉位于大西洋岸边的港口。这不仅使得莫桑比克海峡成为沟通印度洋及大西洋最便捷的交通要道，而且也使海峡地区成为殖民者向东非和亚洲侵略扩张的基地。

为了获得独立，海峡地区的人民进行了几个世纪英勇顽强的斗争，马达加斯加于 1960 年 6 月 26 日宣告独立，莫桑比克人民共和国于 1975 年 6 月 25 日正式宣告成立，海峡北端的科摩罗群岛也于 1975 年 7 月 6 日正式独立，海峡地区逐渐摆脱了殖民统治。

海峡的西南和东南部有小飞鸟，趴在水边晒太阳的鳄鱼，现如今，海峡地区各国的经济日新月异，并以其优美秀丽的风光吸引着来自世界各地的游人，莫桑比克海峡的经济价值日益凸显。

◎世界上最宽的海峡

德雷克海峡是最宽最深的海峡。德雷克海峡位于南美洲最南端和南极洲南设得兰群岛之间，紧邻智利和阿根廷两国，是大西洋和太平洋在南部相互沟通的重要海峡。早在巴拿马运河开凿之前，德雷克海峡是沟通太平洋和大西洋的重要海上通道之一。

德雷克海峡是世界上最宽的海峡，其宽度竟达 970 千米，最窄处也有 890 千米。它是最宽海峡的同时，还是世界上最深的海峡，其最大深度为 5248 米，如果把两座华山和一座衡山叠放到海峡中去，连山头都不会露出海面。德雷克海峡以其狂涛巨浪闻名于世——由于太平洋、大西洋在这里交汇，加之处于南半球高纬度，因此，风暴成为德雷克海峡的主宰。海峡内似乎聚集了太平洋和大西洋的所有飓风狂浪，一年从头到尾，风力都在八级以上。即便是万吨巨轮，在波涛汹涌的海面，也被震颤得像一片树叶。这片终年狂风怒号的海峡，曾在历史上

※ 德雷克海峡

※ 德雷克海峡的企鹅

让无数船只在此倾覆海底。所以，德雷克海峡被人称之为"杀人的西风带""暴风走廊""魔鬼海峡"，德雷克海峡是一条名符其实的"死亡走廊"。

16世纪初，西班牙占领了南美大陆，为了切断其他西方国家与亚洲和美洲的贸易，他们封锁了航路，严禁一切他国船只的来往，这一禁令使得太平洋变成了西班牙的私海。这时，英国人德雷克的贩奴船在西班牙受到攻击，德雷克侥幸逃脱后，为了报复就成了专门抢劫西班牙商船的海盗。1577年，德雷克在躲避西班牙军舰追捕时，无意间发现了这一海峡。这一发现，为英国找到了一条不需要经过麦哲伦海峡进入太平洋的新航道。自此以后，该海峡就以其发现者———英国的弗朗西斯·德雷克命名。

巴拿马运河开通之后，德雷克海峡运输航道的作用越来越小。然而，随着南极大陆对人类未来的生存与发展的关系越来越重要，世界各国对南极的关注也与日俱增，纷纷赴南极进行科学考察与探险。德雷克海峡——这条从南美洲进入南极洲的最近海路、众多国家赴南极科考的必经之路，也因此被赋予新的战略意义。可以预见，随着人类对南极大陆科考与开发的深入，德雷克海峡的战略地位必将得到进一步提高。

▶知识窗

　　我们知道地球可以自转，你听说过有小岛也可以像地球一样自转的吗？不过有传闻说有人发现过能够像地球一样自转的小岛。

　　在1964年的时候，从西印度群岛传来了一桩奇闻，有几名希腊的船员说他们在附近的海域发现了一个怪岛。他们声称这个小岛很独特很奇怪，这个岛竟会像地球那样自转。

　　这个小岛很有规律性的自转，它每24小时旋转一周，并且都在按同一方向有规则地自转，从来没有出现过反转现象，一直这样周而复始。

　　那么，这个小岛为什么会自行旋转呢？有不少人发表了自己的猜想，有人推测：这座岛很有可能是一座浮在海上的冰山，海潮的时起时落导致小岛随着潮水而旋转。可是其他"浮"在海上的冰山岛为什么不能这么有规律地自转？却不能得到很好的解释。

┃拓展思考┃

1. 你认为最有魅力的海峡是哪里？
2. 德雷克海峡为什么会被称为"死亡走廊"？

湖泊之最

Hu Po Zhi Zui

◎最大的湖泊

里海位于亚欧大陆腹部，在亚洲与欧洲之间，东、北、西三面湖岸分属是土库曼斯坦共和国、哈萨克斯坦共和国、俄罗斯联邦共和国和阿塞拜疆共和国，南岸在伊朗境内，是世界上最大的湖泊，也是世界上最大的咸水湖，属海迹湖。

其实，里海并不是真正的海。里海是一个地地道道的内陆湖，那么它为什么又被称为"海"呢？从里海的自然特点来看，里海水域辽阔，烟波浩荡，一望无垠，经常出现狂风恶浪，犹如大海翻滚的波涛。同时，里海的水是咸的，所以里海生存的有许多水生动植物也和海洋生物差不多。除此之外，从里海的形成原因来看，里海与咸海、地中海、黑海、亚速海等，原来都是古地中海的一部分，经过海陆演变，古地中海逐渐缩小，上述各海也多次改变它们的轮廓、面积和深度。所以，今天的里海是古地中海残存的一部分，地理学家把这称之为"海迹湖"。因此，人们就把这个世界上最大的湖称为"里海"了。

里海的南面和西南面被厄尔布尔士山脉和高加索山脉环抱，其他几面

※ 里海

是低平的平原和低地。里海南北狭长，形状略似"S"型，南北长约1200千米，是世界上最长也是唯一长度在千千米以上的湖泊。里海东西平均宽度大约为320千米，湖岸线长约7000千米，面积371000平方千米，大小几乎与波罗的海相当，规模为亚速海的10倍，相当全世界湖泊总面积的14%，比著名的北美五大湖面积总和还大出51%，湖水总容积为76000立方千米。

里海有曼格什拉克、哈萨克、土库曼、克拉斯诺沃茨克等海湾，里海的水面低于外洋海面28米，湖水平均深度约180米。里海的湖底深度不同，北浅南深，湖底自北向南倾斜，大体上可以分为三部分：北部一般深4米~6米；中部水深170米~790米；南部最深，最大深度可达1025米。里海有岛屿约50个，面积约350平方千米。有伏尔加河、乌拉尔河、库拉河、捷列克河等130多条河流注入。1940年~1970年，平均每年流入的淡水量286.4立方万千米，其中伏尔加、乌拉尔和捷列克河约占90%以上。

由于里海位于荒漠和半荒漠环境之中，气候干旱，所以蒸发非常强烈。根据调查统计，里海每年的进水总量为338.2立方千米，而每年的耗水量则为361.3立方千米，进得少，出得多，出现了入不敷出的"赤字"，湖水水面必然会逐步下降。1930年，湖的面积为42.2万平方千米，到1970年已经缩小到37.1万平方千米了。因为大量的水分被蒸发掉了，盐分逐年积累，所以湖水也越来越咸。由于北部湖水较浅，又有伏尔加河等大量淡水注入，所以北部湖水含盐度低，为0.2%，而南部含盐度高达13%。

里海7月可达最高水位，2月为最低水位，北部水位高低之差为2~3米，中部和南部仅有20厘米~50厘米，最大也不超过1.5米。里海的水温，夏季南北水域基本相同，为26℃左右。冬季北部水温0℃以下。南部的平均温度为8℃~10℃，北部浅水区每年冰期2~3个月。

里海地区拥有很丰富的石油资源，两岸的巴库和东岸的曼格什拉克半岛地区，以及里海的湖底，是重要的石油产区。里海湖底的石油生产，已扩展到离岸数十千米的水域。里海生物资海丰富，既有鲟鱼、鲑鱼、银汗鱼等各种鱼类繁衍，也有海豹等海兽栖息。里海含盐量高，盛产食盐和芒硝。卡拉博加兹戈尔湾是大型芒硝产地。

里海地区运输业较发达，通过伏尔加河及伏尔加——顿河等运河，实现了白海、波罗的海、里海、黑海、亚速海五海通航。但由于北部水浅，航运会受到一定程度的限制，在巴库和克拉斯诺沃茨克之间有火车轮渡。运输货物以石油为主，其次为粮食、木材、棉花、食盐、建筑材料等。沿岸主要港口有阿塞拜疆共和国的巴库，俄罗斯联邦共和国的阿斯特拉罕、马哈奇卡拉，哈萨克斯坦共和国的舍甫琴柯，土库曼斯坦共和国的克拉斯诺沃茨克，伊朗的恩泽利和托尔卡曼港等。

◎最高的咸水湖

纳木湖位于青藏高原，面积 1940 平方千米，它是中国第二大咸水湖，平均海拔在 4718 米，也是世界最高的大咸水湖，有的湖虽比它高，但面积小，它比全球最高的大淡水湖——南美的喀喀湖还要高出 900 多米，当地的藏族人民、蒙古族人民称它为"天湖""天海"。

※ 纳木湖

纳木湖在我国拉萨市的北面，它是由周围高山的雪水汇集而成的。湖边牧草丰美，可四季放牧。湖水清澈，盛产细鳞鱼，无鳞鱼。

◎最深的湖泊

2500 万年以前，在中西伯利亚高原南部，由于强烈的地壳断裂活动，形成了一条狭长深陷的谷盆，两侧陡峻的断壁悬崖高达一二千米，贝加尔湖——世界最深之湖就这样诞生了。贝加尔湖与非洲的坦噶尼喀湖、马拉维湖等一样，都是典型的裂谷性湖泊。贝加尔湖从东向西南延伸达 636 千米，但宽度只有 25 千米～79.5 千米，略呈新月形；湖面海拔 456 米，平均深度 730 米，而在湖中央奥利霍岛以东的最深处达 1620 米，为世界湖泊的最深纪录。贝加尔湖的面积约为 31500 平方千米，居世界第八位，但由于深度大，蓄水量达 23000 立方千米，相当于北美洲五大湖蓄水量的总和，约占世界淡水湖总蓄水量的 1/5，称得上是世界最大的淡水湖。

贝加尔湖大约有 25～30 百万年的寿命，最深的地方能够达到 1637 米之深，汇水区域面积为 557000 平方千米。贝加尔湖位于俄罗斯境内的面积为 332000 平方千米，长 636 千米，宽 27 千米～79.5 千米。贝加尔湖湖型狭长弯曲，看起来就像一弯新月，所以又有人把它叫做"月亮湖"。它长 636 千米，平均宽 48 千米，最宽 79.4 千米，面积 3.15 万平方千米，

※ 贝加尔湖

青少年应该知道的地理百科知识

平均深度 744 千米，最深点 1642 千米，湖面海拔 456 米。贝加尔湖的湖水澄澈清冽，且稳定透明透明度可达 40.8 米，这在世界排名第二。其总蓄水量 23600 立方千米，相当于北美洲五大湖蓄水量的总和，约占地表不冻淡水资源总量的 1/5。假设贝加尔湖是世界上唯一的水源，其水量也够 50 亿人用半个世纪。贝加尔湖容积巨大的秘密在于深度，该湖平均水深 730 米，最深 1620 米。如果在这个湖底最深点把世界上四幢最高的建筑物一幢一幢地叠起来，第四幢屋顶上的电视天线杆仍然在湖面以下 58 米，如果我们把高大的泰山放入湖中的最深处，山顶距水面还有 100 米。

贝加尔湖湖面海拔 456 米，在它的周围，总共有大小 336 条河流注入湖中，最大的是色楞格河，而从湖中流出的则仅有安加拉河，年均流量仅为 1870 立方米/秒。湖水注入安加拉河的地方，宽约 1000 米以上，白浪滔天。

贝加尔湖在众多的俄罗斯自然景观中，作为第一批世界文化遗产名单被列入联合国教科文组织，贝加尔湖独特的自然景观以及它如画的风景为发展从生态旅游到极致旅游提供了独特的可能性。贝加尔湖沿岸分布着 130 个旅游基地和休养基地，客容量可以达到 12000 人。

贝加尔湖上最大的岛屿是奥利洪达岛长 71.7 千米，最宽 15 千米，面积约为 730 平方千米。

贝加尔湖大量的温水海湾和异域风情的奥利洪岛吸引大量游客到这

里来旅游参观，再加上这里相对适宜的气候、美丽的风景、大量的自然和考古古迹、不同种类的生物群、清新的空气、原生态环境以及独特的休闲资源，使得贝加尔湖拥有超高的旅游休闲潜力。奥利洪岛是6世纪~10世纪古文化的最大文化中心，被认为是萨满教的宗教中心。这里的民族传统、习俗以及独特的民族特征都被完整地保存了下来。

据说贝加尔湖的生产是因为亚洲地壳沿着一条断层慢慢拉开，出现了一条地沟。最开始的时候，这条地沟深8千米，但随着岁月流逝逐渐被淤泥填塞，从淤泥中的微生物化石可以显示其形成年代。湖底有温泉喷出，还经常发生微小的地震。有336条河流注入贝加尔湖，但只有一条河——安加拉河从湖泊流出。冬天的时候，湖水冻结至1米以上的深度，历时4~5个月。不过，湖内深处的温度一直保持不变，约3.5℃。

贝加尔湖出口的宽度大约1000米，立于湖水出口正中央的巨大圆石称作"谢曼斯基"，当河水泛滥时，这块神奇的圆石会看上去像在滚动。湖岸溪涧错落，群山环抱。湖水杂质极少，清澈无比，湖水清澈的原因据说是贝加尔湖底时常发生地震，地震产生的化学物质沉淀湖底，使湖水净化，所以贝加尔湖总是清澈见底。湖水透明度竟深达40.5米，因而被誉为"西伯利亚明眸"。贝加尔湖畔阳光充沛，有300多处温泉，所以成了俄罗斯东部地区最大的疗养地。

湖中有植物600种，水生动物1200种，这么多动物中有3/4为贝加尔湖特有的，从而形成了其独一无二的生物种群，如各种软体动物、海绵生物以及海豹等珍稀动物。贝加尔湖中有约50种鱼类，分属7科，最多的是杜文鱼科的25种杜文鱼，大马哈鱼、苗鱼、鲱型白鲑和鲟鱼也很多。最值得一提的是一种贝加尔湖特产湖鱼，名胎生贝湖鱼，属胎生贝湖鱼科，由母鱼直接产下仔鱼。

湖里还有255种虾，这之中包括有些颜色淡得近乎白色的虾。除此之外，贝加尔湖底还有1米~15米高像丛林似的海锦，这在其他湖泊里是找不到的，奇形怪状的龙虾就藏在这个"丛林"里。贝加尔湖有200多种端足动物和80多种扁虫。不仅数量多，有些种类还非常奇特引人注目，如最近发现的一些端足类动物呈杂色斑驳，与环境色彩混为一体；同时，还有人在湖中捕到体长达38厘米的巨扁虫。大量的钩虾等端足类动物使贝加尔湖具有"自体净化"功能。这些动物能够分解水藻、分解动物尸体，这也是维持湖水清澈的另外一个主要原因。

在贝加尔湖湖边森林处观赏湖光景色，会看到森林的树枝上飘动着许多丝带和布条，都是游客系上的，表达日后能来此重游的愿望。的确，这个蓝色的深湖是极富吸引力的旅游胜地，来自四面八方的游客把贝加尔湖看作"圣海"。

贝加尔湖畔约有40座小城镇,以前这里居民可以取清澈纯净的湖水饮用,但是如今,湖水业已受到工业污染,虽然如此,但湖水看上去依然很清澈。在冰雪融化的5月,可以看清40米深水下的物体,其他湖泊能看透20米深都是少见的。

▶知 识 窗

在西汉时期,贝加尔湖是在匈奴的控制范围之内,名曰"北海";在东汉、三国和西晋时期,贝加尔湖是在鲜卑的控制范围之内,名亦曰"北海";在东晋十六国时期,贝加尔湖改称为"于巳尼大水";南北朝时期,贝加尔湖先被柔然控制,后又被突厥控制,名仍称为"于巳尼大水";隋朝时期,贝加尔湖被东突厥控制,复改称"北海";到了唐朝,贝加尔湖成为大唐帝国版图的一部分,归关内道骨利干属,贝加尔湖也改称为"小海";唐末,贝加尔湖复归突厥,后又归回鹘所辖,仍称"小海";宋朝,贝加尔湖被蒙古八剌忽部控制;元代,贝加尔湖又划入大元帝国版图,属"岭北行省";明朝时期,贝加尔湖被瓦剌不里牙惕部控制;直到清朝时期,贝加尔湖才被沙俄控制,清后期"贝加尔湖"一度称为"柏海儿湖"。

| 拓展思考 |

1. 我国有几大湖泊?
2. 你能说出它们的名字吗?

瀑布之最

Pu Bu Zhi Zui

◎最宽的瀑布

　　伊瓜苏瀑布是世界上最宽的瀑布。伊瓜苏大瀑布位于巴西与阿根廷交界处的伊瓜苏河上，形成于 1.2 亿年前，1542 年被西班牙人发现。大瀑布由 275 个瀑布组成，最大的瀑布跌水 90 米，流量 1500 立方米/秒，被称为"魔鬼之喉"。

　　伊瓜苏瀑布是南美洲最大的瀑布，是世界五大瀑布之一。瀑布呈马蹄形，宽约 4 千米，平均落差 75 米。巨流倾泻，气势磅礴，尤如大海泻入深渊。轰轰瀑声 25 千米外都可以听见。阿根廷在这里修建了国家公园，以吸引更多游客前往。

　　巴西和阿根廷的交界处，有一条河叫伊瓜苏。它开始由北向南分隔两

※ 伊瓜苏瀑布

青少年应该知道的地理百科知识

国，又忽然拐了个比 90°还要小的弯，朝东边流去。这个弯拐得太大了，东边的地势毫无连续性，低了一大节，于是，就有了这个马蹄形的让人过目难忘的大瀑布。瀑布跨越两国，被划在各自国家公园中，每年有 200 万游客从阿根廷或巴西前来游览。

据说只有在巴西的那一侧才能把伊瓜苏大瀑布的真面目看清楚，从阿根廷国家公园可直接乘坐小车到达巴西的瀑布公园，从这边能够看到，对面的阿根廷国家公园整个是一座瀑布山，宽 1 千米以上，无比壮观。

一进阿根廷国家公园的大门，就可以看见前方约百米宽的瀑布，耳边听见水的轰鸣声，再沿公园的小径往里走，两边都是郁郁葱葱的热带丛林，游客可听到越来越大的瀑布声。

走到小径尽头，就可看到几十米宽的河面，河水是黄色的，看上去水流并不算急，但一到落差处，有如千军万马一脚踏空，轰然而下，巨大的水流冲击在岩石上，翻腾咆哮着，厮打在一起，水雾弥漫而上，而这只是整个瀑布其中的一段。

沿着公园修好的路径，峰回路转，不时可见这样的瀑布。有一处瀑布，从上看下去，水不仅急而且旋转，只闻其声，不见其底。有说人，就是一辆汽车掉下，也会立即无影无踪。

在阿根廷国家公园里，还可乘坐橡皮艇挑战瀑布——"冲瀑"，游客买票后，就可以套上救生衣，全服"武装"的上到橡皮艇上，由经验丰富的船工掌舵，箭一般地迎着瀑布冲去，伴着游客的尖叫声一冲到底，当有惊无险的回岸时，"冲瀑者"个个脸上挂着又惊又喜的笑容，是一次特别的经历。

与阿根廷一样，巴西也修了路径，让游客沿路观看瀑布。不同的是，阿根廷那边是路在瀑布里，而巴西这边为路在瀑布外，离开瀑布一段距离，只能面对着 60 米～80 米高的"条条黄河"般的瀑布。

◎落差最大的瀑布

安赫尔瀑布是世界上落差最大的瀑布。Angel Falls，通常根据字面意思翻译为天使瀑布，但不合语源，又名丘伦梅鲁瀑布，是世界十二大瀑布之一。当地的印第安人取名为"出龙"。位于南美洲委内瑞拉玻利瓦尔州的圭亚那高原，卡罗尼河支流丘伦河上。藏身于的委内瑞拉与圭亚那的高原密林深处。安赫尔瀑布是世界上落差最大的瀑布，丘伦河水从平顶高原奥扬特普伊山的陡壁直泻而下，几乎未触及陡崖，落差达 979.6 米，大约是尼亚加拉瀑布高度的 18 倍。这个地区的热带雨林非常茂密，不可能步行抵达瀑布的底部。雨季时，河流因多雨而变深，人们可以乘船进入。在 1 年的其他时间里，只能从空中观赏瀑布。

1935 年，西班牙人卡多纳是除了印第安人之外，首个发现丘伦梅鲁瀑布的人。1937 年，美国探险家詹姆斯·安赫尔在空中对瀑布进行考察时坠机，为纪念他，委内瑞拉政府将瀑布以"安赫尔"命名。此处无陆路可通，只有乘飞机才能一睹它神秘的雄姿，现为旅游探险地。

关于安赫尔瀑布名字的来历还有一个故事：50 多年前的一天，在巴拿马一家酒店里，美国飞行员安赫尔有声有色地向一个探险家讲了一个故事。故事描述的是在一片无人知晓的茂密茫茫的丛林中，有着一条溪流，那潺潺的流水冲积着耀眼的金子。因为这个故事，这个探险家请求安赫尔用飞机带他到那条溪流去，安赫尔欣然同意了。探险家付给安赫尔 5000 美元，作为酬金，并叮嘱他保证不将这条溪流的位置告诉任何人。接着探险家和安赫尔乘飞机来到了委内瑞拉，降落在这条溪流的旁边。探险家捞了 45 千克金子，在巴拿马卖了 2.7 万美元，然后回到了美国。不久探险家死后，安赫尔不顾自己的保证，于 1937 年 10 月 9 日驾着飞机到委内瑞拉寻找那条溪流。在寻找溪流的过程中，他无意发现了这个大瀑布。不幸飞机出事坠毁，后人为了纪念他的这次探险，就将这瀑布命名为"安赫尔瀑布"。

安赫尔瀑布是一个多级瀑布，第一级由山顶直泻至一结晶岩平台，落

※ 安赫尔瀑布

差 807 米；接着又下跌 172 米，直至丘伦河谷地。近看瀑布势如奋奔闪电的飞虹，远眺其柔美又如月笼轻纱。每当晨昏之际，云雾弥漫崖顶，瀑布从悬崖上飞泻直下，犹如一条英姿勃勃的银龙从天而降，发出隆隆的雷鸣声。飞流落下，溅得满山谷珠飞玉散，如果在阳光的照射下，便有一条美丽的彩虹悬挂在柔媚的水雾上，像是有谁撒出彩练，在引逗这奇腾咆哮的蛟龙似的，再加上瀑布两旁藤缠葛绕的参天古木和嶙峋山石，使其更显得磅礴壮观……

在安赫尔瀑布下游，有个地方叫做"卡奈马"。这里同样瀑布众多，景色迷人。委内瑞拉政府在这里开辟了旅游区，修建了一条能起落喷气客机的跑道。首都加拉加斯附近的迈克蒂亚国际机场，每天都会有两次班机飞往这个瀑布区。在"卡奈马"欣赏了"斧头瀑布"等风景点之后，可以乘游艇逆卡拉奥河而上，去参观"安赫尔瀑布"。沿途可观看河两岸遮天蔽日的原始古森林，欣赏那一幅幅水帘般倾泻而下的银瀑。还可以到丛林中去做远足旅行，访问印第安村落，了解印第安人捕鱼狩猎的原始生活。这里还有很多私人小飞机出租，可以乘飞机前往观赏。从飞机上虽然听不到瀑布的轰鸣声，但透过蓝天白云，可以看到一条雪白的练带飘然而出，飞机在峡谷中盘旋穿行，进入了"探险"的境地。因此，凡是乘飞机浏览瀑布的人，都可以得到一张特制的"勇敢的探险者"证书。

▶知识窗

巴西的瀑布公园中只有唯一一段伸手可及的瀑布，大约 200 米宽，瀑布前方搭有木桥，游人必须穿雨衣才能上桥不至于淋为落汤鸡。站在桥中，面对瀑布，水流气势磅礴，翻滚而下如一头巨大的水龙，咆哮着、怒吼着、冲下来。

另外，游览伊瓜苏大瀑布，游客还可乘直升机盘旋于伊瓜苏大瀑布上空，这样才能真正看清伊瓜苏大瀑布，它是一个巨大的弧形，几乎是半圆瀑布的，有 4 千米长，由无数个大大小小的瀑布组成，每秒钟，水倾泻而下，除了高度不及尼亚加拉，这是世界上最长的瀑布。

拓展思考

1. 你还知道其他瀑布吗？
2. 中国著名瀑布你了解多少？

青少年应该知道的地理百科知识

河流之最
He Liu Zhi Zui

◎世界最长的河流

尼罗河是世界的第一长河，它的源头在非洲东北部布隆迪高原，流经卢旺达、布隆迪、坦桑尼亚、肯尼亚、乌干达、扎伊尔、苏丹、埃塞俄比亚和埃及等 9 个国家，全长 6600 多千米。最终注入地中海，是世界上流经国家最多的国际性河流之一。

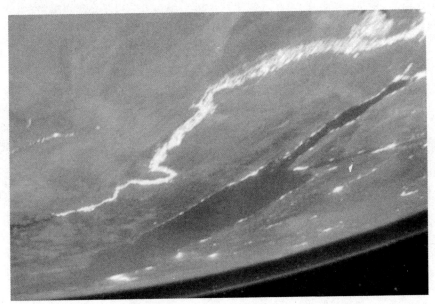

※ 天外拍摄夜晚尼罗河流域美景

"尼罗河"一词最早出现于两千多年前，关于它的来源有两种说法：一是来源于拉丁语"尼罗"，它的意思是"不可能"，因为尼罗河中下游地区很早以前就已经有人居住了，但是由于瀑布的阻隔，使得中下游地区的人们认为要了解河源是不可能的，故名尼罗河；二是认为"尼罗河"一词是由古埃及法老尼罗斯的名字演化来的。

尼罗河是由卡盖拉河、白尼罗河、青尼罗河三条河流汇流而成，尼罗河下游谷地河三角洲则是人类文明的最早发源地之一，古埃及诞生在此。至今，埃及仍有96%的人口和绝大部分工农业生产集中在这里。正因如此，尼罗河被视为埃及的生命线。

白尼罗河是尼罗河的源头，尼罗河最上游是卡盖拉河，它发源于布隆迪境内，下游注入维多利亚湖。湖水经欧文瀑布流入基奥加湖，出湖后名维多利亚尼罗河，又经卡巴雷加瀑布流入阿伯特湖。湖水自北端流出，名阿伯特尼罗河，自尼木累以下名白尼罗河。

尼罗河的支流中，最具名气的应该是白尼罗河和青尼罗河，一条婉约，一条奔放，常被人们用"情人"来形容。白尼罗河顺东非高原侧坡北流，河谷深狭，多急滩瀑布。自博尔向北，白尼罗河流入平浅的沼泽盆地，水流缓慢，河中繁生大量以纸草为主的水生植物。白尼罗河向北流出盆地后，先后汇合索巴特河、青尼罗河和阿特巴拉河，再往下就没有任何支流了。

尼罗河的另一个源头在海拔2000米的埃塞俄比亚高地，叫做青尼罗河。青尼罗河全长680千米，它穿过塔纳湖，然后急转直下，形成一泻千里的水流，这就是非洲著名的第二大瀑布梯斯塞特瀑布。呼啸的青尼罗河冲入苏丹平原后与平静的白尼罗河相会，才是大家所熟悉的尼罗河。

青尼罗河主要流经地区是热带草原气候，正因如此，每年的6月～10月气压带风带北移，此时的埃塞俄比亚高原受赤道低气压的控制，降水丰富，河流水量丰富，河流进入汛期。正是由于青尼罗河水量的季节变化，导致尼罗河定期泛滥。

卡盖拉河是非洲东部河流。源出布隆迪西南部，由鲁武武河和尼亚瓦龙古河汇流而成。流经坦桑尼亚、卢旺达、乌干达，注入维多利亚湖，长400千米。上游流经山地，有鲁苏莫瀑布；下游水流平稳，水量丰富，可通航，是流入维多利亚湖诸河中最长者，通常被认为是尼罗河的上源。

几千年以来，尼罗河都会在每年的6月～10月定期泛滥。8月份河水上涨最高时，淹没了河岸两旁的大片田野，之后人们纷纷迁往高处暂住。10月之后，洪水消退，带来了尼罗河丰沛的土壤。在这些肥沃的土壤上，人们栽培了棉花、小麦、水稻、椰枣等农作物，在干旱的沙漠地区上形成了一条"绿色走廊"，而五千年的文明古国埃及就在这里创造出辉煌的埃及文化。现今，埃及90%以上的人口均分布在尼罗河沿岸平原和三角洲地区，埃及人称尼罗河是他们的生命之母。

为了进行全年灌溉，人们在19世纪在尼罗河上修建了几座拦河坝。

1902 年阿斯旺水坝建成，1959 年至 1970 年，耗时 11 年，耗资 10 亿美元，修建了举世闻名的阿斯旺高坝。阿斯旺高坝控制了尼罗河每年的洪水，这不仅可以保护居民和农作物，还可以提供大量的电力。阿斯旺高坝位于埃及阿斯旺市附近，是一种填石坝，坝高 111 米，坝长 3830 米，体积 4430 万立方米，所形成的水库容量为 1689 亿立方米。水库建成后增加灌溉面积 32 万多公顷，并把 28 万公顷的洪泛区改造成常年灌溉区。埃及和苏丹协议将尼罗河水由两国分享，其中 555 亿归埃及。为建水库，迁移了阿布辛拜勒古庙，人口迁移达 14 万，形成了新农业区，高坝给埃及带来了巨大利益。历史上首次由人控制住了尼罗河水每年的洪水，使千万亩农田得到灌溉，改善了上下游通航能力，发电量高达 21 兆瓦，水库水深 90 米，平均宽 22 千米，库区养鱼业的发展可以补偿大坝对地中海沿岸捕鱼区造成的不利影响。然而大坝也产生了不利的影响，主要是尼罗河两岸农田肥力逐渐降低所造成的农作物减产，这是因为肥沃的淤泥都留在了水库中。现在埃及每年使用 100 万吨化肥，仍不足以代替原先每年由河水带来的 4000 万吨河泥。

尼罗河流域是世界文明发祥地之一，这一地区的人民创造了灿烂的文化，在科学发展的历史长河中做出了杰出的贡献。突出的代表就是古埃及。

谈到古埃及的文化遗产，人们首先想到的是尼罗河畔耸立的金字塔、尼罗河盛产的纸草、行驶在尼罗河上的古船和神秘莫测的木乃伊。它们标志着古埃及科学技术的高度，同时也记载而且一直发扬着数千年文明发展的历程。

尼罗河使生活在尼罗河周围的人们产生了无与伦比的艺术想象力，坐落在东非干旱大地上，而且气势恢宏的神庙是多么粗犷，与旁边蜿蜒流淌的尼罗河形成强烈对比。所以说，古埃及很多艺术品具阳刚之气的同时又不乏阴柔之美。

传说中，女神伊兹斯与丈夫相亲相爱，有一天，丈夫遇难身亡，伊兹斯悲痛欲绝，泪如泉涌，泪水落入尼罗河水中，致使河水猛涨，造成泛滥。每年到了 6 月 17 日或 18 日，埃及人都为此举行盛大的活动，称为"落泪夜"。从这个神话故事中，我们不难看出人们对尼罗河深深的感情。

◎流域最广的河流

亚马逊河是世界上流量最大、流域面积最广的河流，它的长度仅次于尼罗河，是世界上的第二大河。在南美洲北部。据估计，所有在地球表面

※ 亚马逊河

流动的水约有 20％～25％ 在亚马逊河。河口宽达 240 千米，泛滥期流量达每秒 18 万立方米，是密西西比河的 10 倍。泻水量如此之大，使距岸边 160 千米内的海水变淡。已知支流有 1000 多条，其中 7 条长度超过 1600 千米，20 条超过 1000 千米。

亚马逊河全长 6437 千米，这是以乌卡亚利河源起算。由发源于秘鲁安第斯山的乌卡亚利河与马拉尼翁河汇合而成，向东流贯巴西北部，在马拉若岛附近注入大西洋。支流长度在 1000 千米以上的有 20 多条。流域面积 622 万平方千米，约占南美大陆面积的 35％，包括巴西、玻利维亚、秘鲁、哥伦比亚、厄瓜多尔、委内瑞拉等国大部或部分领土。流域内大部分地区为热带雨林气候，年雨量 2000 毫米以上。水量终年充沛，河口年平均流量为 22 万米/秒，洪水期流量可达 28 万米/秒以上，每年泄入大西洋的水量占世界河流注入海洋总水量的 1/5，为世界流域面积最广、水量最大的河流。上源地区山高谷深，坡陡流急，平均比降约 5.2‰，进入平原后比降微小。中下游平均流速为 0.7 米～1.7 米/秒。水深河宽，巴西境内河深大部分在 45 米以上，马瑙斯附近深达 99 米。下游河宽达 20 千米～80 千米，河口呈喇叭状，宽 240 千米，浅滩沙洲罗列。海潮可涌至河口以上 960 千米的奥比多斯。干流有 5000

多千米可全年通航，吃水 5 米～6 米的海轮可自河口上溯 3700 千米至秘鲁的伊基托斯，全水系内可供通航的河道长度达 3 万千米。水力资源也相当丰富，但尚未充分开发。

亚马逊河沉积下的肥沃淤泥滋养了 6.5 万平方千米的地区，它的流域面积约 705 万平方千米，这几乎上是世界上任何其他大河流域的 2 倍。著名的亚马逊热带雨林就生长在亚马逊河流域。这里同时还是世界上面积最大的平原，面积达 560 万平方千米。平原地势低平坦荡，大部分在海拔 150 米以下，因而这里河流蜿蜒曲流，湖沼众多，多雨、潮湿及持续高温是其显著的气候特点。这里蕴藏着世界最丰富多样的生物资源，这里生活的不同种类的生物多达数百万种。

巴西人把亚马逊海潮称之为"波波罗卡"，涌潮时游人争相前往。每逢涨潮，涛声震耳，声传数里，气势磅礴。

亚马逊流域植物种类之多居全球之冠，许多大树高 60 多米，遮天蔽日，故旱地森林的地面光秃秃，只有一层腐烂的枝叶。涝地森林则情况迥异，灌木和乔木有板状基根，帮助维生。树冠由高至低分层，各层充满生机。葛藤、兰花、凤梨科植物争相攀附高枝生长，其间栖息着猴子、树懒、蜂鸟、金刚鹦鹉、巨大蝴蝶和无数蝙蝠。

亚马逊河水中生活着凯门鳄、淡水龟，还有一些水栖哺乳类动物如海牛、淡水海豚等。陆地生活着美洲虎、细腰猫、貘、水豚、犰狳等，另有 2500 种鱼，以及 1600 多种鸟。亚马逊森蚺是当今世界上最大的蛇，最长可达 10 米，重达 225 千克以上，粗如成年男子的躯干。但一般森蚺长度在 5 米半以下，森蚺生性喜水，通常栖息在泥岸或者浅水中，捕食水鸟、龟、水豚、貘等，有时甚至吞吃长达 2.5 米的凯门鳄。

亚马逊的部分雨林被辟为保护区，例如，西塔帕若斯河岸边的亚马逊国家公园，它的面积近 1 万平方千米。可是，目前的伐林速度若再不进行控制，亚马逊这片占全球林木总面积 2/3 的广大森林，将在不久后消失。

要想象亚马逊河之壮阔，几乎可以如去理解"无限"是一样的困难。亚马逊河共有 1.5 万千条支流，分在南美洲大片土地上，流域面积几乎大如澳洲。主流河水很深，整条河有一半可容巨轮航行。远洋巨轮由大西洋经河口溯流而上，可航至秘鲁的伊基托斯。通航河道河面宽广，不能同时看到两岸

这条河横贯南美洲，水从冰川融汇而成的湖泊流出，汹涌奔流，在东面山坡上冲刷出气势磅礴的峡谷。由于冲出大量沙泥，河水浑浊，恍如加了大量牛乳的咖啡，故称为白水河。还有一些支流流经沼泽，冲出腐殖，

水色较深，称为黑水河。随着地势渐趋平缓，河水流速减慢，流至山下广阔的亚马逊盆地。

◎流经国家最多的河流

多瑙河是世界上流经国家最多的河流。

在欧洲多瑙河的长度仅次于伏尔加河，是第二长河，被人赞美为"蓝色的多瑙河"，像一条蓝色飘带蜿蜒在欧洲大地上。它发源于德国西南部的黑林山的东坡，自西向东流经奥地利、捷克、斯洛伐克、匈牙利、南斯拉夫、保加利亚、罗马尼亚，在罗马尼亚的利纳附近注入黑海。它流经9个国家，是世界上干流流经国家最多的河流。全长2980千米，流域面积81.7万平方千米。有支流300多条，左岸支流有发格河、蒂萨河、奥尔特河、普鲁特河等，右岸支流有因河、德拉瓦河、萨瓦河、摩拉瓦河、伊斯克河等，流域面积81.7万平方千米。河口年平均流量6430平方米/秒，排入海水量203立方千米。水力蕴藏量达3500万千瓦，是中欧和东南欧的重要国际航道。

※ 流经城市的多瑙河

从河源到"匈牙利门"为上游,上游的长度大约为 966 千米。它的源头有布列盖河与布里加哈河两条小河,从茂密森林中跌岩而出,沿巴伐利亚高原北部,经阿尔卑斯山脉和捷克高原之间的丘陵地带流入维也纳盆地。上游流经崎岖的山区,河道狭窄,河谷幽深,两岸多峭壁,水中多激流险滩,是一段典型的山地河流。上游的支流有因河、累赫河、伊扎尔河等,河水主要依靠山地冰川和积雪补给。冬季水位最低,暮春盛夏冰融雪化,水量迅速增加,一般 6 月~7 月份达到最高峰。上游水位涨落幅度较大,例如,乌尔姆附近的平均枯水期流量仅有 40 立方米/秒,而洪水期流量平均竟达 480 立方米/秒以上。在这段河流上,还有多瑙河上游最大的城市——雷根斯堡。雷根斯堡是座魅力无限的城市,在这里到处是古老的教堂、达官贵人的邸宅和备有佳肴美酒的古老酒肆。现在这里的机器制造、电子工业也初具规模。

从"匈牙利门"到铁门为中游,大约长 900 千米。它流经多瑙河中游平原,河谷较宽,河道曲折,有许多河汉和牛轭湖点缀其间,接纳了德拉瓦河、蒂萨河、萨瓦河和摩拉瓦河等支流,水量猛增 1.5 倍。中游地区河段最大流量出现在春末夏初,而夏末秋初水位下降。随后,多瑙河切穿喀尔巴阡山脉形成壮丽险峻的卡特拉克塔峡谷。

卡特拉克塔峡谷从西端的腊姆到东端的克拉多伏,包括卡桑峡、铁门峡等一系列峡谷,全长 144 千米,首尾水位相差近 30 米。峡谷内多瑙河最窄处约 100 米,仅及入峡前河宽的 1/6,而深度则由平均 4 米增至 50 米。陡崖壁立,水争一门,河水滚滚,奔腾咆哮,成为多瑙河著名天险,并蕴藏着巨大的水力资源。罗马尼亚和南斯拉夫两国合作,于 1972 年在铁门峡胜利建成水利枢纽工程,装机容量为 210 万千瓦。1976 年罗、南两国决定建设第二座铁门水电站。铁门二号水电站,坐落在一号水电站下游 80 千米的地方,其中第一台机组已于 1985 年 4 月 12 日开始发电。

多瑙河的中游斯洛伐克境内这一段,因为地势低洼所以形成了内陆三角洲,河道宽而浅,有些地段涉水可过,一年能通航的时间只有 5 个月,而在汛期,河水又会左奔右突,给两岸居民的生命财产造成严重威胁。为此,早在 50 年代,捷克斯洛伐克和匈牙利就一起商议讨如何驯服这条美丽而又任性的大河,并于 1977 年签订了合作兴建水利工程的条约。从那时起,捷克和斯洛伐克人民,在匈牙利的协助下,经过艰苦努力,费时 14 年,耗资 8 亿美元,于 1992 年建成了加布奇科沃水利工程,主要包括上游长约 25 千米、原设计总容量近两亿立方米的水库,总长约两千米旧河道拦河堤坝,把河水从旧河道引至斯洛伐克领土上长 17 千米、宽 267 米~737 的引水运河,装机容量 72 万千瓦的水电站和两条各通过约

1.4 万吨级船队的航道，把水再引回旧河道 8 千米多宽的排水运河。这项在多瑙河上进行的大型水利工程被称为"第三个年工程"。斯洛伐克这一水利工程竣工 3 年多，在防洪、发电、航运、供水、灌溉等各种方面发挥了显著效益，并且使它成为旅游热点。

多瑙河的中游平原，是在匈牙利和南斯拉夫两国当中的重要的农业区，素有"谷仓"之称。多瑙河中游流经地区，都是各国的经济中心，其重要城市有布拉迪斯拉发、布达佩斯和贝尔格莱德等。

布拉迪斯拉发位于摩拉瓦河与多瑙河汇合处，自古以来就是北欧与南欧之间的重要商道，古罗马时此地就是要塞。

如今，布拉迪斯拉发是斯洛伐克地区的政治、经济中心。有造船、化工、机器制造、纺织等工业。除此之外，还是多瑙河航线上最大的港口之一。

布达佩斯被誉为"多瑙河上的明珠"。它是由西岸的布达和东岸的佩斯两座城市，通达多瑙河上 8 座美丽的桥连为一体。城内许多古迹多建于城堡山。城堡山是面临多瑙河的一片海拔 160 米的高岗，13 世纪时修建的城堡围墙至今保存完好。著名的渔人堡，是一座尖塔式建筑，结构简练，风格古朴素雅。游人可以站在渔人堡的围墙上，欣赏多瑙河上的美景风光。

宏伟的匈牙利国会大厦矗立在多瑙河畔，高 90 多米，两旁有两座用白石镂空挺拔俏丽的高塔，金碧辉煌，异常美丽，内部装饰富丽堂皇。在四壁上嵌满匈牙利历代皇帝的雕像，千姿百态，巧夺天工，充分显示了匈牙利艺术家的才智，是匈牙利国家的象征。

人们说，多瑙河是布达佩斯的灵魂，而布达佩斯是匈牙利的骄傲。踏上这座古城，既可以欣赏到迷人的风光，又可以领略到历史的变迁。

铁门以下至入海口为下游，这里流经多瑙河下游平原，河谷宽阔，水流平稳，接近河口时宽度扩展到 15 千米～20 千米，有的地段可达 28 千米。多瑙河流到土耳恰城附近分成基利亚河、苏利纳河、格奥尔基也夫三条支流，冲积成面积约 4300 平方千米的扇形三角洲。

在六万年以前，三角洲地区还是碧波万顷的海湾。由于多瑙河每年挟来大量泥沙，年复一年地在这里堆积，形成现在无数流经芦苇中的水道，或穿过漂浮着睡莲的神秘大湖之间，把坐落在它们之间的村庄、渔场、农田、菜园等联结起来，构成一个神奇的世界。

富饶的三角洲，2/3 以上的地区生长着茂密的芦苇，年产芦苇 300 多万吨，约占世界总产量的 1/3。由于芦苇全身是宝，如果把三角洲芦苇充分利用，每人每年可得约 30 千克的人造纤维和 10 千克以上的纸，所以被

青少年应该知道的地理百科知识

罗马尼亚人亲切地称为"沙沙作响的黄金"。

多瑙河三角洲区域，同时也是"鸟类的天堂"。这里是欧、亚、非三大洲来自五条道路候鸟的会合地，也是欧洲飞禽和水鸟最多的地方。这里经常聚集着300多种鸟类，各路鸟群在此聚会，形成热闹非凡而又繁华壮丽的景象。三角洲上，由于有奇特的地理现象——浮岛，有名目繁多的植物、鱼类、鸟类和动物，所以，科学家们又把它称之为"欧洲最大的地质、生物实验室"。

秀丽多姿的多瑙河是一条重要的国际河流。很多年以来，欧洲人一直梦想有一天通过莱茵——多瑙运河的修建，把北起莱茵河三角洲，东迄黑海，长达3400千米的欧洲大水道沟通起来，这样客国货轮就可以通过欧洲内河航道，在大西洋和黑海之间直接往来，现在这个梦想就要实现了。

上游从河源至西喀尔巴阡山脉的匈牙利门，中游从匈牙利门至罗马尼亚的铁门，下游从铁门流入海口。上源布雷格河和布里加赫河从黑林山东坡流出后，于多瑙埃兴根汇流，沿施瓦本山、弗兰克侏罗山南翼和巴伐利亚高原北缘向东北流，经雷根斯堡后折向东南，进入奥地利，流过波希米亚林山，经维也纳然后进入匈牙利。上游长约966千米，经山区，河床坡度大，水位季节变化显著，夏季高，冬季低。支流有伊勒河、莱布河、伊萨尔河、因河、特劳恩河和恩斯河。中游长约900余千米，河床展宽，坡度平缓，流速减慢，沉积作用发达，水流被分成多条汊道。从科马尔诺东流经瓦茨转向南流，进入匈牙利平原，河谷宽广，地势低平，河床淤浅。流入南斯拉夫，先后接德拉瓦河、蒂萨河、萨瓦河三大支流，使干流水量猛增一倍半，含沙量也大增。春季因积雪融化，水位最高。夏末秋初，蒸发旺盛，水位明显下降。冬季水位低。在贝尔格莱德折向东流至铁门这段，长60千米的峡谷，最窄处宽仅100米，水流湍急，水力资源丰富。下游左岸为罗马尼亚的瓦拉几亚平原，右岸为保加利亚的多瑙河平原。河谷宽浅，河道中有沙岛群。春汛6月水位升高，最低水位在9月~10月间。冬季稍冷时河水结冰。东流至切尔纳沃德转向北流，至加拉茨折向东流，有普鲁特河流入，在距黑海80千米处的图尔恰附近进入三角洲。干流分三段：北支基利亚河，水量占67%；中支苏利纳河，水量占9%；南支圣格奥尔基河，水量占24%。苏利纳河经疏浚后水深7米，长63千米，为通航干道。多瑙河携带大量泥沙，在河口沉积，形成三角洲，面积4300平方千米，并且每年不断向海伸展。这里盛产芦苇，罗马尼亚的芦苇产量占世界总产量的1/3，为造纸工业、纺织纤维工业提供丰富的原料。

莱茵—美茵—多瑙河运河建成后，将把多瑙河和莱茵河两大水系连接起来，组成欧洲中部稠密的水上交通运输网。河港主要有德国的雷根斯堡、奥地利的林茨和维也纳、斯洛伐克的布拉迪斯拉发、匈牙利的布达佩斯、南斯拉夫的诺维萨德和贝尔格莱德、保加利亚的鲁塞、罗马尼亚的布勒伊拉和加拉茨、乌克兰的伊兹梅尔。干流上建有多座水力发电站，其中铁门水电站最著名。

▶ 知 识 窗 ▬▬▬▬▬▬▬▬▬▬▬▬▬▬▬▬▬▬▬

　　水在地球不同地方通过太阳蒸发后，转变其自身的存在模式到地球的另一个地方就是水循环了。就好比地面上的水被太阳蒸发后形成水蒸气一样。水分别以固态、液态和气态的形式存在，而且地球上大部分的水存在于大气、地底及江河湖海里，并且水通过蒸发、降水、渗透等形式，由一个地方移动到另一个地方。
　　产生水循环的内因是由于水的固态、液态、气态的转化特性，而太阳的辐身和地心引用则是外因。水循环有四个环节，蒸发在水循环里初始的环节，海洋、陆地、植物、矿石乃至人体的皮肤里的水分，都会由于太阳的蒸发从而进入大气，并且海洋的水体在蒸发环节里占主要地位；水汽输送是指水汽随着气流从一个地方被输送到另一地区，或者是由低空被输送到高空；凝结降水是指进入大气中的水汽在适当条件下凝结，并在重力作用下以雨、雪和雹等形态降落；径流是指降水在下落过程中，除一部分蒸发返回大气外，另一部分经植物截留、下渗、填注及地面滞留水，并通过不同途径形成地面径流、表层流和地下径流，汇入江河，流入湖海。

┃拓展思考┃

　　1. 中国最长的河是什么河？
　　2. 为什么说黄河是我们的母亲河？

青少年应该知道的地理百科知识